コヘレトの言葉を読もう

「生きよ」と呼びかける書

小友 聡

OTOMO, Satoshi

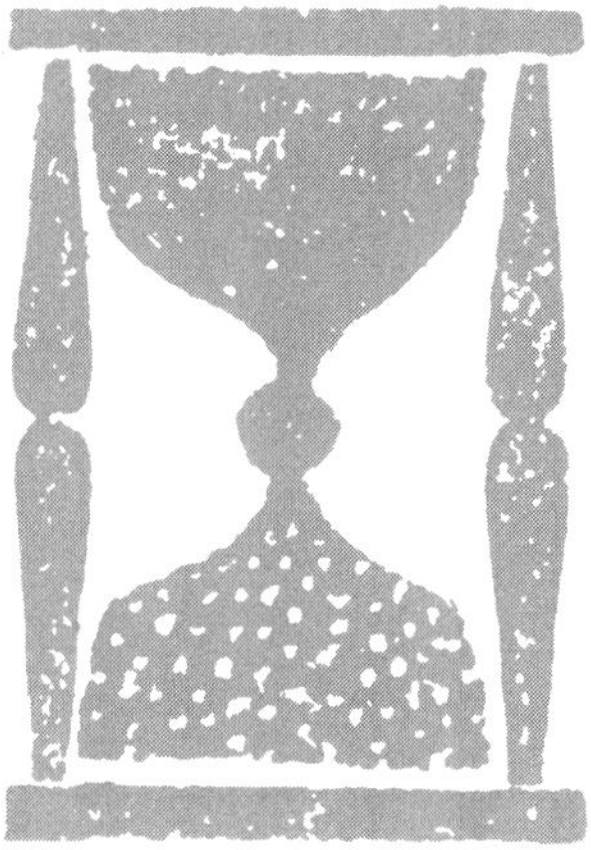

日本キリスト教団出版局

はじめに

「なんという空しさ、すべては空しい」（1・2）

この聖句に代表される「コヘレトの言葉」には不思議な魅力があります。聖書というと神聖で敬虔な宗教書のイメージがありますが、「コヘレトの言葉」は独特です。はじまりから聖書のイメージとは異質な言葉が飛び出します。この異質性が、現代人の心を強く惹き付けます。以前、ある雑誌（『考える人』二〇一〇年春号、新潮社）に「わたしの好きな聖書のことば」と題打って、作家、学者、評論家など著名人三三名のアンケート報告が掲載されていました。その中で「コヘレトの言葉」の一節を選んだ著名人が四人もおりました。「コヘレトの言葉」は旧新約聖書の中で、頁数からすれば一パーセントにも満たない小さな知恵文学です。その書を愛読する文化人が一二パーセントもいるとすれば、驚きですね。聖書の神聖さとは無縁と見られる言葉が記された「コヘレトの言葉」が、現代において不思議な魅力を放っているのです。空しくて、空しくて、やりきれない。生きていて何の意味があるのか。そういう人生の深刻な問いに聖書はどう答えてくれるでしょうか。「コヘレトの言葉」はこの問いに向き合っています。

この書を記すコヘレトという人は、ニヒルな答えを提示するアウトサイダーだと見られます。そこに共感する人もきっと多いでしょう。けれども、そういう解釈が正しいと私は思いません。コヘレトは空しさを見つめながら、空しさにあえぐ私たちに向かって、むしろ「生きよ」「生きるのだ」と呼びかけます。そのコヘレトの呼びかけを、これから皆さんと一緒に「コヘレトの言葉」をじっくり読みながら、聞き取っていきましょう。「コヘレトの言葉」の新たな読み取りに挑戦します!

なお、二〇一八年末に日本聖書協会から聖書の新しい翻訳「聖書協会共同訳」が刊行されました。本書の聖書引用は基本的に従来の「新共同訳」に準拠していますが、「コヘレトの言葉」を引用する際には、この新しい翻訳も付記しました(背景がグレーになっている部分です）。また特に重要な訳語の変化についてはコラムを用意しています。

もくじ

もくじ

装丁　桂川潤

序　「コヘレトの言葉」について

「コヘレトの言葉」は、新共同訳の前の口語訳聖書では「伝道の書」という題名でした。書名が「コヘレトの言葉」に変更されたのは、ヘブライ語原典の書名が「コーヘレト」だからです。この書は「箴言」、「ヨブ記」と並ぶ旧約聖書の知恵文学の一書ですが、その内容については、現在もまだ、はっきりとした意味がわかっているとは言えません。「箴言」はイスラエルの格言集で、そこには社会を生きるための有意義な教訓や知恵がたくさん並んでいます。「ヨブ記」は、義人ヨブに降りかかる災難をめぐって友人たちとの激しい論争があり、また顕現した神による創造世界の秘義が壮大な詩文で記されます。義人ヨブの信仰が抉《えぐ》られるという知恵の文書です。箴言もヨブ記もイスラエルの知恵の深さと広さを教えてくれます。このような知恵の諸文書がイスラエルの人々の信仰を育み、あらゆる状況に耐えうるものにしたことは言うまでもありません。

けれども、「コヘレトの言葉」はどうでしょうか。この書には、はたしてイスラエルの人々の信仰を鼓舞し、育むという意味があるでしょうか。残念ながら、現在これを読む私たちにはそのことを十分に、積極的に汲み取ることは難しいのではないかと思います。それは、「空しい」という言葉が異常なほど繰り返され（なんと三八回）、また、イスラエルの伝統的な信仰の態度を覆すような物言いがたくさんこの書に記されるからです。「知恵が深まれば悩みも深まり、知識が増せば痛みも増す」（1・18）、「賢者さえも、虐げられれば狂い、賄賂をもらえば理性を失う」（7・7）、「生きている間、人の心は悪に満ち、思いは狂っていて、その後は死ぬだけだということ」（9・3）。こういった言葉を読むと、この書がイスラエルの伝統的なものの考え方を破壊しているのではないか、それどころか、信仰そのものを否定しているのではないか、と読めてしまいます。コヘレトが偉大な反面教師と言われる所以です。

旧約聖書を今日まで伝承してきたユダヤ教にも、この書をめぐってエピソードがあります。それは、この書が聖なる書として価値があるかどうか、という議論が紀元二世紀頃にあったらしいということです。ユダヤ教でも、「コヘレトの言葉」は他の書に比べて、聖なる書とされるべき価値が低いとされていたのでしょうか。そういういわく付きの書がこの「コヘレトの言葉」です。

けれども、「コヘレトの言葉」はれっきとした旧約正典の一書です。今日までキリスト教でも、ユダヤ教でも正典文書として読まれてきたのです。残念ながら、この書についてはっきりわかっていることはわずかです。その成立については、今日では、紀元前五世紀から二世紀ということが言われています。捕囚後の時代（ペルシア時代〜ヘレニズム時代）です。つまり、旧約諸文書の中でかなり遅い時期です。ソロモン王を示唆する表現はありますが（1・12）、これは意図された虚構であって、これをもって統一王国時代にソロモン王が書いたとすることはできません。では、誰が書いたのでしょうか。「コヘレト」と呼ばれる人物が書いたと考えられます。「コヘレト」とは「集める者」という意味で、いわばニックネームです。この人物がどういう人であったか。知者であり、おそらく教師として弟子たちがおり、イスラエルの共同体に属したという以外はわかっていません。

問題は、この書がどのようにしてできたのかということです。今日、「コヘレトの言葉」は編集されて成立した文書とみなされます。ただ、その編集者の手をどの程度と考えるかで見解はさまざまです。かつては、コヘレトが書いた部分には甚だしい加筆がされていると見られました。それによって、この書にある伝統的な知恵の表現はすべて後代の編集者による潤色であると説明されました。コヘレトはラディカルな知恵の破壊者であって、その突出した知恵を緩和するために編集者があちらこちらに手を加えて、共同体に受容される知恵文書に変えたという解釈です。ソロモンの名（ダビデの子）を借りて権威を誇示しているとも考えられます。この書にある思想的な乖離や矛盾が、それによって説明されます。コヘレトという人は、まさか自分が書いた文書が正典に加えられるとは想像だにしていなかった！　というわけです。しかし、はたしてそれはどうでしょうか。そのように内容を逆転させるほどの編集の手が加わっているとはいくらなんでも考えられません。ある程度の編集の手が加わっている可能性はありますが、最小限に止めて説明するということがむしろ妥当でしょう。

このように説明される一方で、この書を統一的に捉えるという考え方がされるようになりました。統一的というのは、たとえば「すべては空しい」という表現が1章2節と12章8節に記され、これがこの書全体の枠組みになっているからです。この書に古代の修辞学的形式や回文形式を指摘する学者もいます。確かに、この書は全体として意図された文書形態を保持していることが指摘できます（本書124頁「『コヘレトの言葉』の構造」をご覧ください）。以前は支離滅裂な文書と見られましたが、そうではなくて、きちんと一貫した言説が表明されているのではないでしょうか。それは、コヘレトがヘレニズム的な文化や思想に強い影響を受け、葛藤しながら新たな知恵を模索しているのである、ということかもしれません。急激な社会変動の中で、右往左往しながら人生知を学ぼうとしているのではないか、とも説明できます。けれども、確かなことはまだわかっていません。

わからないことだらけの書ですが、それだけに不思議な魅力を放つのがこの「コヘレトの言葉」です。わからない、わからない、と否定的なことばかり書きましたが、私は新しい視点でこの書を説明できると考えています。それは、黙示思想との対論がこの書の中で一貫している、と見られるからです。この読み方が「コヘレトの言葉」を説明するのに最も適していると思われます。本書ではこの新しい読み方を試みます。いきなり、黙示思想と言ってもピンと来ないでしょう。私はダニエル書との比較においてこのことを考えます。

黙示と聞けば、新約聖書のヨハネの黙示録を思い出しますが、ギリシア語で「アポカリュプシス」と言い、隠された事柄を顕《あら》わにすることを意味します。つまり、「啓示」

revelationです。これは旧約聖書のダニエル書に起源します。ダニエル書2章にアラム語表現で何度も出てきます（新共同訳では「秘密を明かす」と訳される。19、28、29、30、47節）。ダニエル書には、夢や幻、文字などを解釈することによって終わりの時がいつ来るかを示す、という特徴的思想があります。メネ・テケル・パルシンという謎の文字をダニエルが解釈するのはその典型です（5章）。これが、隠された事柄を顕わにするということです。終末の到来時が計算可能になります（9、12章）。ダニエルの物語ではこのことが一貫した関心事です。その終わりの時がもうすぐやって来るという強烈な切迫感において、ダニエルに象徴される敬虔な者たちは厳しい試練をひたすら潜り抜けます（1―6章）。迫害に倒れて殉教する者たちは最後に復活するという宣言も記されます（12・2）。ダニエルたちは試練に耐え、禁欲を貫きます。酒を飲まず、肉を食べず、体には香油も塗りません（10・3）。終末の到来は、救済の完成であり、そこにこそダニエルたちの本来的生があるのです。

一方、「コヘレトの言葉」ではどうでしょうか。コヘレトは一貫して終末嫌いです。「未来のことはだれにも分からない。死後どうなるのか、誰が教えてくれよう」（10・14）。「……人が未来について無知であるようにと、神はこの両者を併せ造られた」（7・14）。コヘレトは死の向こうにある復活を否定しているようです。将来に対して悲観的で、終わりがいつ来るかなどわからないと釘を刺しています。さらに、コヘレトは隠された事柄を顕わにはできないと考えています。「神のなさる業《わざ》を始めから終りまで見極めることは許されていない」（3・11）。コヘレトにとって、時は見極められず、謎のままです。これらはすべて、ダニエル書の終末論を否定しているような論調です。

コヘレトの生き方についてはどうでしょうか。彼は、飲み食いを礼賛し、禁欲的に生きることを拒否します。「さあ、喜んであなたのパンを食べ、気持よくあなたの酒を飲むがよい。……どのようなときも純白の衣を着て、頭には香油を絶やすな」（9・7―8）。先ほどのダニエルの禁欲的生き方とは真逆であることがわかります。コヘレトはダニエル書のように彼岸の生に望みを抱かず、此岸的に生きることにこだわります。これは偶然でしょうか。私はそうは考えません。明らかにコヘレトはダニエル書に見られる黙示思想を否定し、これと対論しているのだと思います。

ダニエル書の成立は紀元前二世紀半ばと考えられていますが、私は「コヘレトの言葉」も同時期に成立したと見ています。現在、このように考えることは通説とは異なりますが、私はこの線で考えるのが妥当ではないかと思います。紀元前三―二世紀は、ユダヤ教団においておいて黙示思想が大きな影響を与えたに違いない時代です。死海のほとり、クムランの黙示的共同体ができたのも紀元前二世紀です。黙示的生き方は来世に価値を置き、現世は堕落して破局に向かうゆえに、これを試練として耐え、禁欲的に生きるという態度です。コヘレトはこれに対して、現世を喜び楽しみ、すべてを神からの賜物と受け入れ、与えられた生を徹底して生きることを説いているのではないでしょうか。歴史に終末などなく、あるのは人間の死という終末。これは伝統的な知恵文学の思想です。その終わりを見つめ、そこから翻《ひるがえ》って今を生きよ、とコヘレトは呼びかけているのではないでしょうか。「空しい」とは、人生を儚《はかな》む言いではなく、むしろ人生の短さを単に述べているのだと考えられます。コヘレトは生きることにこだわります。このように「コヘレトの言葉」を読み取ること。これが、本書で試みる新しい読み方です。今、生きている時を全力で生きよ。「コヘレトの言葉」が指し示す生き方は、今日、なお光を放ちます。さあ、新しい視点で「コヘレトの言葉」を読んでいきましょう。

第1章　すべては空しい

コヘレトは言う。
なんという空しさ
なんという空しさ、
すべては空しい。（コヘレト１・２）

聖書協会共同訳
コヘレトは言う。
空の空
空の空、一切は空である。

「何事にも時があり　天の下の出来事にはすべて定められた時がある」（３・１）
皆さん、この言葉を知っているでしょうか。教会でも「時がある」という言葉をよく使いますね。神さまが私たちの思いを超えたご計画を持っておられるという意味で、琴線に触れる聖書の一節です。これは、旧約聖書の「コヘレトの言葉」に由来するのです。さらに、こういう言葉を皆さんは知っているでしょうか。「なんという空しさ、すべては空しい」。聖書の言葉らしからぬ一節ですが、これも「コヘレトの言葉」（１・２）にあるのです。もうひとつ、「青春の日々にこそ、お前の創造主に心を留めよ」（12・１）を聞いたことがありませんか。「あなたの若い日に、あなたの造り主を覚えよ」（口語訳）とかつて教会学校で教わった言葉です。私たちにとって、気になる聖句が「コヘレトの言葉」にはたくさんあるのです。

「コヘレトの言葉」とは、聖書を読み始めて間もない方には、なじみがない書名かもしれません。口語訳聖書では、「伝道の書」と呼ばれます。難解で、哲学的で、読んでもさっぱりわからない書だと言われることもあります。とても謎めいている不思議な知恵文学の書ですが、この旧約の「コヘレトの言葉」をこれから皆さんと一緒に学んでみたいと思います。

「コヘレトの言葉」について

そこで、「コヘレトの言葉」について、少し総論的な説明をしておきます。「コヘレトの言葉」は、旧約聖書の他の書よりはずっと後の時代（捕囚期以後）に書かれています。

先述のように（本書11頁）「コヘレト」という名前は、集める者という意味で、集会をつかさどる働きをする人を指します。おそらく、この書を書いた人のニックネームでしょう。集会をつかさどる人は説教者と言い換えることも可能ですから、かつては「伝道の書」という書名で訳されたのです。コヘレトがどんな人物だったのか、はっきりしたことはわかりません。「エルサレムの王、ダビデの子」と自己紹介し、ソロモン王をほのめかすように書かれています（１・１）。しかし、ソロモン王という自己紹介は仮の姿であって、実際にソロモンが書いたとは考えられません。コヘレトはソロモンになりすまして、知恵の教えを語っているのです。

知恵文学というと、箴言やヨブ記を指しますが、この「コヘレトの言葉」も知恵文学に属します。ただ箴言とは異なって、とても風変わりな、常軌を逸したような知恵の言葉を語ります。たとえば、先ほどの「すべては空しい」がそうですし、「人間は動物に何らまさるところはない」（３・19）、「犬でも、生きていれば、死んだ獅子よりましだ」（９・４）なんていう言葉もあります。伝統的なものをひっくり返すようなコヘレトの知恵は何を語ろうとしているのでしょうか。その謎解きはこれからじっくり解説しましょう。

「コヘレトの言葉」は、かつては支離滅裂だと見られました。また、これを書いた人物と編集した人物は別であったために、内容がちぐはぐになっているとも説明されました。そういう複雑な書だと見られたので、新共同訳では小見出しが一つもついていません（二〇一八年末に刊行された「聖書協会共同訳」には小見出しが入っています）。けれども、「コヘレトの言葉」は総じて、ある意図をもって書かれていると考えられます。それは、「すべては空しい」という言葉が最初と最後に繰り返されているからです（1・2、12・8）。しかも、この「空しい」はこの書にはなんと三八回も出てきます。「コヘレトの言葉」は、実は首尾一貫したことを語ります。それは、人は今をどう生きたらよいかという問題に関わるものです。そのコヘレトの説く生き方が現代の私たちにとても意味あるメッセージを発しているということをこれからじっくりお話ししたいと思います。

第1章「始まりの詩」に聴く

まず、第1章を読みましょう。1章は、表題（1節）、標語（2節）、最初の詩文（3—11節）、王の企て（12—18節）、という内容です。表題は、コヘレトが「エルサレムの王」、ソロモンであることをほのめかす虚構の言葉。この「エルサレムの王」が発する「なんという空しさ、すべては空しい」は、この書全体を通貫する主導理念です。「空しさ」は、へベルというヘブライ語です。これは創世記のカインの弟「アベル」とまったく同じ語です。おそらく、時間的な短さ、儚《はかな》さを含意していると考えられます。コヘレトはただ単に「空しい」と嘆くのではありません。人生は短く、儚いという事実を表明しているのです。ここに、「コヘレトの言葉」を読み解く鍵があります。

次に、最初の詩文に注目します。3節から11節を読みましょう。

太陽の下、なされるあらゆる労苦は
人に何の益をもたらすのか。
一代が過ぎ、また一代が興る。
地はとこしえに変わらない。
日は昇り、日は沈む。
元の所に急ぎゆき、再び昇る。
南へ向かい、北を巡り
巡り巡って風は吹く。
風は巡り続けて、また帰りゆく。

太陽の下《もと》、**人**は**労苦**するが
すべての**労苦**も**何**になろう。
一代過ぎればまた**一代**が**起**こり
永遠に**耐**えるのは**大地**。
日は**昇**り、**日**は**沈**み
あえぎ**戻**り、また**昇**る。
風は**南**に**向**かい**北**へ**巡**り、
めぐり**巡**って**吹**き
風はただ**巡**りつつ、**吹**き**続**ける。

川はみな海に注ぐが海は満ちることなく
どの川も、繰り返しその道程を流れる。
何もかも、もの憂い。
語り尽くすこともできず
目は見飽きることなく
耳は聞いても満たされない。
かつてあったことは、これからもあり
かつて起こったことは、これからも起こる。
太陽の下、新しいものは何ひとつない。
見よ、これこそ新しい、と言ってみても
それもまた、永遠の昔からあり
この時代の前にもあった。
昔のことに心を留めるものはない。
これから先にあることも
その後の世にはだれも心に留めはしまい。

すべての川は海に注ぐが
海は満ちることがない。
どの川も行くべき所へ向かい
絶えることなく流れゆく。
すべてのことが人を疲れさせる。
語り尽くすことはできず
目は見ても飽き足らず
耳は聞いても満たされない。
すでにあったことはこれからもあり
すでに行われたことはこれからも行われる。
太陽の下、新しいことは何一つない。
見よ、これこそは新しい、と言われること
とも
はるか昔、すでにあったことである。
昔の人々が思い起こされることはない。

後の世の人々も
さらに後の世の人々によって
思い起こされることはない。

この詩文はちょっと哲学的です。宇宙について語り、また人間について語ります。宇宙は循環し、完結せず、満ちることがありません。まるで輪廻転生のような世界観です。コヘレトにとって宇宙に終末はなく、太陽も風も川も永遠に循環するだけです。

宇宙は循環し、完結せず、満ちることがないとすれば、創世記の言葉と重なります。「地の続くかぎり、種蒔きも刈り入れも　寒さも暑さも、夏も冬も　昼も夜も、やむことはない」（創世記8・22）。これは、イスラエルの伝統的な時間認識を示しています。皆さんは、意外だと思うでしょうか。確かに、旧約の預言者は歴史の終末について語ります。けれども、創世記にはそのような終末を否定するような循環的な歴史観があります。コヘレトも、どうやらそこに足場を置いて、宇宙には終わりがないという循環的な思考をしているようです。

人間についても同様です。コヘレトによれば、人間は満たされず、満ちることがありません。「語り尽くすこともできず　目は見飽きることなく　耳は聞いても満たされない」とはそういうことです。「満ちない」とは完成がないということです。

＊　＊

コヘレトはそもそもこの人間世界に終末があるなどとは考えないのです。ちょっと驚きですね。過去にあったことはこれからも起こる。これは将来に対する徹底した懐疑です。ものすごく冷めたものの見方をしています。この将来に対する懐疑はコヘレトの絶望的な結論であるかに見えます。これが「コヘレトの言葉」の「始まりの詩」なのです。

けれども、終わりがなく、完成のない世界の只中で、コヘレトは人生をどう生きるかを考えようとします。「空しい」とは短く、儚いという意味だと説明しました。コヘレトは人生を短く、儚いと見ているのです。宇宙には終わりがなく、人間世界も終わりがありません。それに対し、自分という存在は有限で儚い。人生はまるで風のように、瞬時です。これを「空しい」と言い換えると、人生は意味がないということになるでしょう。

ところが、コヘレトは人生は儚いから意味がないとは決して考えません。逆に儚いからこそ、意味があると考えます。人生が儚いことは、むしろそれをどう生きるかを深く考えるきっかけを与えるのです。

コラム　「空しさ」と「空」

このたび刊行された「聖書協会共同訳」と「新共同訳」の違いについて述べたいと思います。まず、「空しい」について取り上げます。「聖書協会共同訳」はこれを「空」と訳しています。1章2節を比較してみましょう。

「コヘレトは言う。なんという空しさ　なんという空しさ、すべては空しい。」（新共同訳）

「コヘレトは言う。空の空　空の空、一切は空である。」（聖書協会共同訳）

「聖書協会共同訳」の訳文を読んで、口語訳に戻ったと感じる人がいるでしょう。確かにそうです。ヘブライ語「ヘベル」は「コヘレトの言葉」のキーワードです。それが三八回も繰り返されるこの書では、冒頭の1章2節をどう訳すかは非常に重要です。ちなみに、これは12章8節と共に「コヘレトの言葉」の枠組みを形成しています。「ヘベル」は「空しい」「儚い」「無益」「無意味」「不条理」などと訳すことができます。新共同訳は「空しい」と訳しました。それは、旧約では偶像礼拝を「ヘベル」とネガティブに表現しているからです（申命記32・21他）。この「ヘベル」を連発するコヘレトは、この書においても確かに「すべては空しい」と表現しているのではないか、と理解できます。この訳語により、コヘレトは厭世主義者という評価が決定的となります。

けれども、「コヘレトの言葉」において「ヘベル」は正真正銘、ネガティブな意味かというと、決してそうではありません。なぜならば、コヘレトは「ヘベル」を連発しながらも、決して人生を完全否定するような結論を出してはいないからです。「空しい」と訳すと、コヘレトは空しい人生観を提示したという偏った解釈が先行してしまいます。「コヘレトの言葉」という文書をどう評価するかをきちんと考えるなら、「空しい」という訳語は必ずしも適切ではありません。それならば、他にどのような選択肢があるでしょうか。難しいところです。さまざま考えられる中で、新しい翻訳聖書では以前の口語訳の「空」が再び選ばれたようです。日本語では「空」は仏教的なニュアンスを含みますが、「空しい」というネガティブな意味を多少とも払拭するのではないでしょうか。口語訳に戻ったというより、新共同訳の読み込みすぎをただしたのです。

第２章　飲み食いし、魂を満足させよ

人間にとって最も良いのは、飲み食いし
自分の労苦によって
魂を満足させること。（コヘレト２・24）

聖書協会共同訳
食べて飲み、労苦の内に幸せを見いだす。
これ以外に人に幸せはない。

王の企て

前章は「コヘレトの言葉」の最初の詩文についてお話ししました。本章はその続きです。「コヘレトの言葉」は、１章12節からコヘレトが一人称で語り出します。「わたしコヘレトはイスラエルの王としてエルサレムにいた」と自己紹介をしています。これは、１章１

節の表題とつながる響きがあります。そこではコヘレトは「エルサレムの王」であり、「ダビデの子」と紹介されました。この1章12節でも、コヘレトは「イスラエルの王」であると自らを紹介します。ダビデの子でイスラエルの王だとすると、ソロモンということになりそうです。

ソロモンはご承知のとおり、旧約聖書では知恵の権化として知られます。ソロモン王は最高の知者でした（列王記上3章）。知恵文学は、特に箴言がそうであるように、いずれもソロモンの作に帰され、ソロモンの名によって権威づけられます。「コヘレトの言葉」も知恵文学ですから、ソロモンの権威を借りて書かれているといえそうです。ところが、コヘレトの場合は「ソロモン」という名を一度も語りません。「ダビデの子」という名のもとに、自らがソロモン王であるかのように振る舞います。コヘレトはいわばソロモン王に擬装し、「王の企て」という虚構を語るのです。どうしてこのような奇妙な振る舞いをするのでしょうか。

この「王の企て」は2章の終わりまで続きます。「王の企て」には四つの段落がありま す。第一段落は1章12―18節で、ソロモン王が最高の知者であったことに寄せて、コヘレトは知者の宿命を語ります。第二段落（2・1―11）は、ソロモン王が最高の富者であったことに寄せて、コヘレトは富者の宿命を語ります。第三段落（2・12―21）は、ソロモン王がレハブアムを後継者としたことに触れて、コヘレトは「後を継ぐ者」への懐疑を語ります。しかも、いずれの段落においても「空しい」という懐疑的な結論に至ります。最後の第四段落（2・22―26）は、王の企ての結論です。「これまた空しく、風を追うようなことだ」。ここでもコヘレトは懐疑的な態度を表明します。

満たされない王

前章で学んだ導入の詩文では、循環し、完成せず、満ちることがない世界についてコヘレトは語りました。それが1章の主題でした。それに続くこの2章の「王の企て」は、導入の詩文とはまるでかけ離れた内容です。しかも虚構です。ちぐはぐで支離滅裂なことをコヘレトが語っているように思われます。けれども、ソロモン王に擬装したコヘレトは、「満たされない王」を語っているのです。最高の知者でも満たされない（第一段落）。最高の富者でも満たされない（第二段落）。また、後継者に象徴される将来への絶望が提示されているのです（第三段落）。

この「王の企て」という虚構の戦略が浮き彫りになります。コヘレトは、ソロモンという最大の知者、最大の富者、全てを手に入れた王様という虚構を借りて、「完成せず」「満ちず」「将来はない」というモチーフを語り直すのです。列王記上10章23節には、「ソロモン王は世界中の王の中で最も大いなる富と知恵を有し」と書かれています。このような地上で最大の王が、にもかかわらず、全ての企てによって何もかも「空しい」という結論に達することで、「満たされない」という主題が決定的に際立ちます。全ては完成に向かわず、満ちることがないという1章にあった終末批判は、2章の満たされない王の企てでも一貫しているのです。コヘレトはここでも終末論的な思考を徹底的に拒否します。そこで、この世界に終わりがないならば、人はどのように生きるべきかをコヘレトは真剣に考えるのです。

魂に良いものを見せる

人間にとって最も良いのは、飲み食いし
自分の労苦によって魂を満足させること。
しかしそれも、わたしの見たところでは
神の手からいただくもの。（2・24）

食べて飲み、労苦の内に幸せを見いだす。
これ以外に人に幸せはない。
それもまた、神の手から与えられるもの
と分かった。

これは「コヘレトの言葉」に特徴的な節です。この直前の23節で、コヘレトは「実に空しいことだ」と嘆いています。「空しい」という言葉はヘブライ語のヘベルで、時間的な短さ、儚《はかな》さを意味していると前章で説明しました。コヘレトは世界に終末はないと語る一方で、人生は「空しい」（＝短い）と見るのです。王の企てでもコヘレトは「空しい」を繰り返しました。人生は短く、儚いのです。全てが儚いのであれば、その儚さをどのように生きるかが重要となります。

その結論がこの24節です。なんと、コヘレトは飲み食いを賛美するのです！　「魂を満足させる」ということは、直訳すれば「魂に良いものを見せる」ということです。飲み食いを賛美するなんて、享楽主義者の結論だと皆さんは否定的に考えるでしょうか。けれども、よく考えてみてください。食べることも飲むことも、極めて日常的なことではありませんか。その飲み食いをコヘレトはたたえます。

人生は儚いけれども、いや、儚いからこそ、その儚い人生において（残りわずかな時間において）、日常の些事《さじ》である「飲み食い」が「最高に良いもの」になるのです。人生の「儚さ」が逆に日常の些事を大きな喜びに変えます。これは逆説的な真理と言うほかありません。

日常の些事にある幸せ

皆さんは、長期の入院生活をしたことがあるでしょうか。覚悟の上で手術をし、生死をさまようような重篤な状態が続いたとします。点滴だけが命をつなぐ心細い病床生活で、もう回復は見込めないのではないかという不安と、生きたいという思いが交差します。やがて介助されて体を起こし、一さじの粥《かゆ》を食べ、一服のお茶を飲めるときが来ます。そのたった一さじの食べ物と飲み物が、最高の喜びになりませんか。明日は生きられないかもしれない人にとって、日常の些事である「飲み食い」が他の何ものにもまさる幸いなのです。人生が残りわずかで「儚い」ときに、だからこそ飲み食いが「最も良い」ものになる。これがコヘレトの論理です。時間の短さ（＝空しさ）が喜びをもたらすのです。

「魂に良いものを見せる」も同じです。長期の入院生活の中で、病床の窓の外に見える美しい花々が目に入るとき、その鮮やかな色を見て「なんて美しいのだろう」と感動するでしょう。普段ならば気にも留めない花々の美しさが、明日は生きられないかもしれない人にとって大きな喜びになります。人生の短さ、儚さが、そのように日常の些事を最も良いものに変えてくれるのです。コヘレトはこの時間論的な逆説を語っています。世界と歴史の終末を否定し、これを切り返して、コヘレトは人間の終末において「飲み食いし」「魂を満足させること」を称賛しているのです。

それ故に、「飲み食い」はコヘレトにとって「神の手からいただくもの」、すなわち神の賜物となるのです。飲み食いは神の賜物です。どんなに学識があろうと、どんなに財産があろうと、どんな立派な家柄であろうと、自分の残りの時間がわずかだとわかれば、それまでの幸福感はがらりと変わるでしょう。それは、日常生活において死が背中合わせであることを知った、あの二〇一一年の東日本大震災後の私たち日本人の幸福感と重なります。

何を所有しているかが重要なのではありません。今、生かされていることこそが神の恵みなのです。コヘレトはそのように存在することの恵みを語っています。その意味において、いわゆる「メメント・モリ」（死を覚えよ）をコヘレトは意識しているといってよいと思います。主イエスが語られた「何を食べようか、何を飲もうかと考えてはならない。また、思い悩むな」（ルカ12・29）も「コヘレトの言葉」を反映しているのです。

第3章　何事にも定められた時がある

神のなさる業を
始めから終りまで
見極めることは
許されていない。（コヘレト3・11）

聖書協会共同訳
神の行った業を人は初めから終わりまで
見極めることはできない。

人生を支配する神

何事にも時があり
天の下の出来事には

天の下では、すべてに時機があり
すべての出来事に時がある。

すべて定められた時がある。
生まれる時、死ぬ時
植える時、植えたものを抜く時
殺す時、癒す時
破壊する時、建てる時
泣く時、笑う時
嘆く時、踊る時
石を放つ時、石を集める時
抱擁の時、抱擁を遠ざける時
求める時、失う時
保つ時、放つ時
裂く時、縫う時
黙する時、語る時
愛する時、憎む時
戦いの時、平和の時。（3・1―8）

生まれるに時があり、死ぬに時がある。
植えるに時があり、抜くに時がある。
殺すに時があり、癒やすに時がある。
壊すに時があり、建てるに時がある。
泣くに時があり、笑うに時がある。
嘆くに時があり、踊るに時がある。
石を投げるに時があり、石を集めるに時
がある。
抱《いだ》くに時があり、ほどくに時がある。
求めるに時があり、失うに時がある。
保つに時があり、放つに時がある。
裂くに時があり、縫うに時がある。
黙すに時があり、語るに時がある。
愛するに時があり、憎むに時がある。
戦いの時があり、平和の時がある。

「コヘレトの言葉」3章には、有名な「時の詩」があります。「何事にも時がある」という人口に膾炙《かいしゃ》された聖書の名言はここに由来します。対句表現によってさまざまな「時」が一四回も繰り返されます。「生まれる時、死ぬ時」から始まりますが、これは人生の始まりと終わりであって、人生全体を網羅しています。ここではまた同時に、自らは直接に関与できない神の支配が象徴的に表現されます。この神の支配ということが、この「時の詩文」を一貫する主題になっています。

注意して読むと、戦争をほのめかす言葉が多いことに気づかされます。「殺す時」「破壊する時」「泣く時」「嘆く時」「石を放つ時」、そして「戦いの時」がそうです。「植える時、植えたものを抜く時」も、激しい戦闘による農地の荒廃をほのめかします。せっかくの収穫の実りも敵によって奪われるということでしょう。

「裂く時」は、激しい悲しみや喪に服する際に衣を引き裂く習慣を示唆します。そうすると、「縫う時」は服喪期間の終了でしょうか。人生は悲喜こもごもです。多くの涙が流されます。コヘレトは戦いに明け暮れる不安定な時代に翻弄されながら、その中で、つかの間の「笑う時」や「踊る時」や「抱擁の時」を経験したのではないでしょうか。

人生には、どんなに求めても、どんなにあがいても手中にできない「時」があり、またどんなに避けようとしても、避けられない「時」があります。何事にも時があるとは、人生をつぶさに体験したコヘレトの実感なのです。

この「時」は、カイロスと言い換えることができます。カイロスとは時計では計ることのできない質的な時間です。一瞬であり、また永遠でもある「時」です。神が介入する「時」です。そういう「時」というものが確かにあるのです。

隠される「時」

けれども、コヘレトが人生の「時」について決定的に重要なことを語っているのはここではありません。コヘレトはさらにこう書き記すからです。

神はすべてを**時宜**にかなうように**造り**、また、**永遠**を**思う心**を**人**に**与え**られる。それでもなお、**神**のなさる**業**を**始め**から**終り**まで**見極める**ことは**許さ**れていない。（3・11）

神はすべてを時に適って麗しく造り、永遠を人の心に与えた。だが、神の行った業を人は初めから終わりまで見極めることはできない。

コヘレトは、神はすべての時を支配し、また「永遠を思う心」を人間に与えたのだと言います。けれども、人間にはその神のなさる業を「見極めることは許されていない」と否定的に語られます。

これはいったいどういうことでしょうか。「すべてに時がある」というとおり、神が定めた時（カイロス）は確かにあります。それは「永遠」と言ってもよいでしょう。けれども、人間はそれをとうてい知ることはできないのです。カイロスをあらかじめ認知することはできず、過ぎ去ってから、ようやくそれに気づかされるということでしょう。人は誰でも、あの時がカイロスだった、と後になってからようやく気づくのです。どんなに力を尽くしても、人はその「時」を見極めることはできません。

例えば、愛する人と言葉を交わす最期の別れ。それは一瞬のことです。それは永遠に心に残ります。一瞬だからこそ永遠になると言えるでしょう。それは後になって初めて気づくこと。カイロスは、それをつかもうとしても、私たちの指の間からこぼれ落ちます。

ヨセフ物語にこれと似たものを見つけます。ヨセフは夢を解する卓越した知者でしたが、自分の「時」を見極めることはできませんでした。彼は神の計画を悟るどころか、兄たちの嫉妬心すら見抜けませんでした。散々人生の苦労をなめ尽くした揚げ句、ヨセフはようやく神の「時」に気づかされました。

彼は波乱の人生を振り返ってこう語ります。「わたしをここへ遣わしたのは、あなたたちではなく、神です。神がわたしをファラオの顧問、宮廷全体の主、エジプト全国を治める者としてくださったのです」（創世記45・8）。

人間はまるでカイロスの後を追いかけるようにして生きています。どんなに「時」をつかもうとしても、決して「時」をつかむことはできないのです。「時」は隠されています。「時」は私たちにとって秘義です。

時の秘義の前で

この「時の詩文」は、その最初と最後で「定められた時がある」という同一の表現（1節と17節）に囲まれています。その中心部に、「人間にとって最も幸福なのは　喜び楽しんで一生を送ることだ」（12節）、「人だれもが飲み食いし　その労苦によって満足するのは神の賜物だ」（13節）という言葉があります。

「飲み食い賛美」は2章にもありました。これは快楽主義者の言葉でしょうか。そうではありません。時は人間にはとうてい捉えきれないという悲観的な限界認識において、それにもかかわらず、コヘレトは地上における人生を肯定するのです。人は時が過ぎ去って初めて、時の掛け替えのなさに気づかされます。人は常に時の後ろを追いかけて行きます。けれども、いや、それだからこそ、今この瞬間が「神の賜物」となるのです。コヘレトは今を徹底して喜ぶ生き方を語ります。

もし、時をあらかじめ認識できるならば、人間は今を真剣に生きようとはせず、歴史に責任を負わなくなるでしょう。たとえば、合格することがわかっているなら、誰も真剣に受験勉強するはずはありません。「すべてに時がある」けれども、その「時」をつかめないからこそ、人間は歴史を担うのであり、また担わねばならないのです。コヘレトはそういう逆説的な論理を展開します。時は過ぎ去ってわかるのだからこそ、今というこの時を決して無駄にしてはならないと考えるのです。

東日本大震災についても然りです。あの大災害があの日あの時に来るとは誰も思いませんでした。過ぎ去って初めて「時」を知りました。時は不可知です。けれども、だからこそ、今この時を諦めずに真剣に生きる。これがコヘレトの結論です。

時が不可知だということは、人を不安にし、無力感とペシミズム（悲観主義）をもたらすかもしれません。けれども、時はいつでも限られているのです。コヘレトにおいて、人生はあとわずかという認識があります。生きられる時間は短いのです。その限界認識において、残る時間をどう生きるかが決定的に重要になります。時は短ければ短いほど、掛け替えのない時間となるのです。そのとき、「時」は私たちにとってただ受け取るしかない神の恩寵なのです。

姜尚中《カンサンジュン》の小説『心』（集英社、二〇一三年）の中に印象深い場面があります。大学生西山直広が震災直後の被災地でボランティアをし、無数の惨《むご》い遺体を引き上げました。彼は心を病み、先生とメールのやり取りをする中で、こう書きました。

「遺体を一つひとつ引き上げて、一人ひとりの死と向きあっているうちに、とにかく、僕、『自分、生きなきゃいけない』ってすごく思うようになったのです。生きなきゃいけない。そして、せっかくこう生きているのだから、無駄に生きちゃいけない、やりたいことはやるべきだって思うようになったのです」（一五八ページ）。

コヘレトは時の秘義の前でひれ伏しながら、時を懸命に生きることへ私たちを強く誘《いざな》います。

コラム 「霊」と「息」

3章19―21節を比較してみましょう。

「人間に臨むことは動物にも臨み、これも死に、あれも死ぬ。同じ霊をもっているにすぎず、人間は動物に何らまさるところはない。すべては空しく、すべてはひとつのところに行く。

すべては塵から成った。

すべては塵に返る。

人間の霊は上に昇り、動物の霊は地の下に降ると誰が言えよう。」（新共同訳）

「人の子らの運命と動物の運命は同じであり、これが死ねば、あれも死ぬ。両者にあるのは同じ息である。人が動物にまさるところはない。すべては空である。すべては同じ場所に行く。

すべては塵から成り、

すべては塵に帰る。
人の子らの息が上へ昇り、動物の息が地に降ると誰が知るだろうか。」

（聖書協会共同訳）

ほとんど同じですが、注目したいのは、19節と21節です。新共同訳では「霊」と訳された言葉が、聖書協会共同訳では「息」と訳されています。ヘブライ語のルーアハはどちらでも訳せます。新共同訳は口語訳と同様に「霊」と訳しました。けれども、「霊」と訳すならば、コヘレトはギリシア的な霊肉二元論の影響を受けているかのように理解されます。その可能性はありますが、コヘレトがギリシア化しているかどうか確かではありません。

コヘレトはむしろ旧約の創造論に根差して発言しているのではないでしょうか。創造主なる神は土の塵で人を造り、その鼻に息を吹き入れると、人は生きる者になりました（創世記2・7）。この息は神から与えられたものですから、コヘレトは最後でも「塵は元の大地に帰り、息はこれを与えた神に帰る」と告白するのです（聖書協会共同訳、12・7）。これは創世記3章19節「塵にすぎないお前は塵に返る」と同じ内容です。詩編104

編29―30節には「御顔を隠されれば彼らは恐れ、息吹を取り上げられれば彼らは息絶え、元の塵に返る。あなたは御自分の息を送って彼らを創造し、地の面を新たにされる」（新共同訳）と記されます。ここでの「息」はまさしくルーアハであり、コヘレトもこれと同じ認識をしているのです。「コヘレトの言葉」でこれまで「霊」と訳されたルーアハが「息」と訳されたことにおいて、コヘレトは、創造主が定めた通り、人は死んで塵に返るのであって、それ以外ではないのだと述べていることがよくわかります。聖書協会共同訳は原文のニュアンスをきちんと翻訳しています。

第４章　太陽の下での虐げ

見よ、
虐げられる人の涙を。
彼らを慰める者はない。
（コヘレト４・１）

聖書協会共同訳
見よ、虐げられる者の涙を。
彼らには慰める者がいなかった。

格差社会への痛烈な批判

わたしは改めて、太陽の下《もと》に行われる虐げのすべてを見た。

私は再び太陽の下で行われるあらゆる虐げを見た。

見よ、虐げられる人の涙を。

彼らを慰める者はない。

見よ、虐げる者の手にある力を。

彼らを慰める者はない。

既に死んだ人を、幸いだと言おう。更に生きて行かなければならない人よりは幸いだ。いや、その両者よりも幸福なのは、生まれて来なかった者だ。太陽の下に起こる悪い業を見ていないのだから。（4・1―3）

見よ、虐げられる者の涙を。

彼らには慰める者がいなかった。

また、彼らを虐げる者の手には力があった。

彼らには慰める者がいなかった。

今なお生きている人たちよりも、すでに死んだ人たちを私はたたえる。いや、その両者よりも幸せなのは、まだ生まれていない人たちである。彼らは太陽の下で行われる悪事を見ないで済むのだから。


なんと痛烈な、なんとラディカルな社会批判でしょう。これまでコヘレトはソロモン王に身を託して語り、また時（カイロス）について語りましたが、4章では徹底して社会批判を展開します。太陽の下で、今、いったい何が起こっているのか。コヘレトは何を見つめているでしょうか。それは「虐げられる人の涙」です。虐げる者が力で人々を虐げ、ねじ伏せています。虐げられる者たちは無力です。何の抵抗もできません。ただ虐げられ、ねじ伏せられ、起き上がることすらできないのです。誰が彼らの涙を拭うことができるでしょう。誰も彼らを慰めることができません。コヘレトはそう書き記します。どうしようもない非情な社会の現実があるのです。しかしそこには、虐げられる人たちへのコヘレトの優しいまなざしがあります。コヘレトは彼らの涙を知っているのです。コヘレトの時代状況をきちんと把握することはできません。しかし、コヘレトが見つめている時代状況は、なんと現代に似ていることでしょう。コヘレトの時代も、現代も格差社会です。今、日本でも経済的格差がどんどん広がり、富める人はさらに富を増し、貧しい人は貧しいまま、負のスパイラルから抜け出せずに喘《あえ》いでいます。どうすることもできません。負け組はただ涙するだけです。コヘレトの見つめる社会はそのように、虐げられる者が力でねじ伏せられ、彼らを慰める者は誰もいない格差社会なのです。

コヘレトはこれを見て、「既に死んだ人を、幸いだと言おう」と言います。生きていても虐げから逃れることができず、涙するしかないのならば、むしろ死んだ人の方が幸いではないのか、と問うのです。いや、それどころか、生まれて来なかった者こそが最も幸いではないのか、と絶望的な言葉を語ります。コヘレトはこのような痛烈な社会批判を展開します。

しかし、間違ってはなりません。コヘレトは自死によって社会から離脱することを奨励しているのでは決してありません。そういう現世否定をしているのではないのです。それは「コヘレトの言葉」を最後まで読むとよくわかります。

片手を満たす働き方を

コヘレトはさらに社会の現実を見つめます。「人間が才知を尽くして労苦するのは、仲間に対して競争心を燃やしているからだということも分かった」（4節）。コヘレトの時代も競争社会です。相手を蹴落とさなければ生き残れないという競争原理があったのです。身につまされる言葉です。

さらに、こういう興味深い話をコヘレトは語ります。「ひとりの男があった。友も息子も兄弟もない。際限もなく労苦し、彼の目は富に飽くことがない」（8節前半）。これは、いわば仕事依存（ワーカホリック）の悲惨です。富を得ることだけが関心事で、友人も家族も彼の眼中にありません。「際限もなく」は、終わりがないということです。もっと多くの富を、もっと多くの富を、と目をギラギラさせ、ただ労苦して働く人間。一年三六五日、寝ても覚めても仕事のことしか考えず、ひたすら働き続ける企業戦士というイメージでしょうか。

シアウ（C. L. Seow）という旧約学者は、コヘレトの時代に貨幣の流通によって経済活動が盛んになり、ユダヤ社会は市場経済に翻弄されるようになったと推定します。その真偽のほどはともあれ、今から二千年以上昔の古代イスラエル、コヘレトの時代にも現代のような仕事依存症者が確かにいたのです。

これに続く「『自分の魂に快いものを欠いてまで　誰のために労苦するのか』と思いもしない」（8節後半）とは、労働が自分の人生にどのような意味があるか、何のために自分は働くのか、と考えることすら停止しているということでしょう。現代に生きる私たちに対する警鐘とも受け取れる言葉です。これは、コヘレトが結論するとおり、まさしく「空しい」としか言いようがありません。

6節では、コヘレトは「片手を満たして、憩いを得るのは　両手を満たして、なお労苦するよりも良い」と書き記しています。両手ですべてをつかみ取るよりも、片手で得られるもので充足し憩う方がずっと良い、とコヘレトは考えるのです。今あるもので満足するという知恵の思想です。箴言30章8節の有名な格言とよく似ています。「貧しくもせず、金持ちにもせず　わたしのために定められたパンでわたしを養ってください」。これは、信仰者はどう生きるべきかについて教えてくれる、時代を超えた大切な知恵の言葉です。

コヘレトの説く連帯と絆

コヘレトは社会批判を展開し、富を得るため手段を選ばない人間の空しさを述べた後、美しい言葉を書き記します。それはこういう言葉です。

ひとりよりもふたりが良い。
共に労苦すれば、その報いは良い。
倒れれば、ひとりがその友を助け起こす。
倒れても起こしてくれる友のない人は不幸だ。
更に、ふたりで寝れば暖かいが
ひとりでどうして暖まれようか。
ひとりが攻められれば、ふたりでこれに対する。
三つよりの糸は切れにくい。（9―12節）

一人より二人のほうが幸せだ。
共に労苦すれば、彼らには幸せな報いがある。
たとえ一人が倒れても
もう一人がその友を起こしてくれる。
一人は不幸だ。倒れても起こしてくれる友がいない。
また、二人で寝れば暖かいが
一人ではどうして暖まれよう。

たとえ一人が襲われても
二人でこれに立ち向かう。
三つ編みの糸はたやすくは切れない。

これは人生に絶望した人間が語る言葉ではありません。社会の悲惨や非情を嘆く悲観論者の言葉でもありません。コヘレトはここでは、共に生きることのすばらしさ、連帯することの必要を説いているのです。

「ひとりよりもふたりが良い」は、よく結婚式で引用される言葉です。人はひとりでは生きられない、という共生のすばらしさを教えてくれます。

しかし、これが結婚への誘いを指すかどうかは別です。コヘレトは一人よりは二人を、二人よりは三人を、というように、共同体の形成を考え、それを勧めているようです。「倒れれば、ひとりがその友を助け起こす」とは、戦乱が続く、不安定な時代が背景にあるのでしょう。共に戦う仲間を得る必要が説かれているように思われます。そうだとすれば、「ふたりで寝れば暖かい」は、夫婦関係の緊密さではなく、むしろ兵士たちが寒さをしのぐために身を寄せ合うことかもしれません。いずれにしても、共生、連帯ということの大切さをコヘレトが考えていることは確かです。

コヘレトは孤独で偏屈な思想家ではありません。「空しい」と人生をはかなむ悲観主義者でもありません。コヘレトは鋭い社会批判を展開し、孤独な仕事依存者を揶揄しつつ、共に生きる共同体の形成を真剣に考えているのです。心を閉ざして孤独を嘆くのではなく、共に生きる共同体を造ろうと提案しているのです。

東日本大震災後、「絆」や「寄り添い」が流行語となりました。絆も寄り添いも連帯を意味する言葉です。しかし、八年がたち、絆や寄り添いが語られることが少なくなりました。震災復興とは名ばかりで、経済格差は広がり、社会的弱者が切り捨てられ喘いでいる時代です。なぜ、放射能汚染から逃れて懸命に生きようとする福島の人たちが差別されるのでしょうか。

「見よ、虐げられる人の涙を」という「コヘレトの言葉」が胸に突き刺さります。コヘレトが説く共生と連帯を私たちの日本社会で実現しなければなりません。格差社会を変えねばなりません。

第５章　神は天に、あなたは地上に

貧しい人が虐げられていることや、
不正な裁き、正義の欠如などが
この国にあるのを見ても、驚くな。
（コヘレト５・７）

聖書協会共同訳
この州で貧しい者が虐げられ、公正と正義が踏みにじられるのを見ても、驚くな。

「コヘレトの言葉」４章と５章はコヘレトの社会批判です。４章17節から祭儀批判が記され、５章６節まで続きます。この祭儀批判は特異な内容を有し、その意味をくみ取るのに骨が折れます。コヘレトはどうやら神殿での祭儀を慎重に行うように勧めているようです。

「神は天にいまし、あなたは地上にいる」（1節）という言葉は、まともに神を信じていない虚無主義者の発言として読まれがちですが、そうではありません。むしろ信仰者は地上においてきちんと責任を果たして生きるべきだ、とコヘレトは勧めているのです。神学者ボンヘッファーは『獄中書簡集』の中で「成人した世界」について論じ、「我々は神の前で、神と共に、神なしに生きる」と書いていますが、その根拠になるのがこの「コヘレトの言葉」です（E・ベートゲ編『ボンヘッファー獄中書簡集』村上伸訳、新教出版社、一九八八年、四一七ページ）。

これに続く5章7—16節は4章1—3節と対応しており、太陽の下での虐げが記されます。また、5章17—19節は、4—5章全体の結論となります。今回は、主として5章7節以下に目を向けます。

官僚制度への痛烈な批判

この州で貧しい者が虐げられ、公正と正義が踏みにじられるのを見ても、驚くな。

貧しい人が虐げられていることや、不正な裁き、正義の欠如などがこの国にあるのを見ても、驚くな。
なぜなら
身分の高い者が、身分の高い者をかばい
更に身分の高い者が両者をかばうのだから。
何にもまして国にとって益となるのは
王が耕地を大切にすること。（7―8節）

位の高い役人が見張り
その上にはさらに高い位の者たちがい
るのだから。
何よりも国の益となるのは
王自らが農地で働くことである。

このコヘレトの社会批判を読んで、「あら、『この国』とは日本のことかしら」と思う人もきっといるに違いありません。最近の政治情勢や官公庁ぐるみの不正疑惑の報道を知る私たちには、上記の引用は現代日本への預言のように受け取れます。不正な裁き、正義の欠如はコヘレトの時代にも現実にあったのです。これに対して「驚くな」と釘を刺して語られる官僚制度の欺瞞《ぎまん》は、今も昔も変わりません。

一方で、コヘレトはこの国の「貧しい人」が虐げられていることに痛みを感じています。それは正義の欠如です。それについてコヘレトは強い怒りを抱いているにもかかわらず、「驚くな」と呼びかけるところに、私たちはやりきれないものを感じ取ります。権力者や官僚が不正を行っても裁かれず、子どもの七人に一人が貧困に喘ぐ今の日本に向かって、コヘレトは「驚くな」と呼びかけているとすれば、痛烈な皮肉です。支配者である「王が耕地を大切にすること」こそ国に益となる、という結論に私たちも同様の望みを託します。

労働者への優しいまなざし

銀を愛する者は銀に飽くことなく
富を愛する者は収益に満足しない。
これまた空しいことだ。
財産が増せば、それを食らう者も増す。
持ち主は眺めているばかりで、何の得もない。
働く者の眠りは快い
　満腹していても、飢えていても。
金持ちは食べ飽きていて眠れない。
（9―11節）

銀を愛する者は銀に満足することがなく
財産を愛する者は利益に満足しない。
これもまた空である。
富が増せば、それを食らう者たちも多くなる。
持ち主は眺めるほかにどのような得があるのか。
たらふく食べても、少ししか食べなくても
　働く者の眠りは快い。
富める者は食べ飽きていようとも
　安らかに眠れない。

これも強烈な社会批判、痛烈な皮肉です。前章で扱った４章８節の「ひとりの男があった。友も息子も兄弟もない。際限もなく労苦し、彼の目は富に飽くことがない」と重なる内容です。コヘレトはここでも同様に、「富を愛する者は収益に満足しない」という現実を見て、「空しいことだ」と語ります。

コヘレトは汗を流して働く労働者に対し優しいまなざしを向け、エールを送っているようです。労働者は一日中働き、心地よく眠れます。「満腹していても、飢えていても」、ぐっすり眠れます。これとは対照的に、「金持ちは食べ飽きていて眠れない」。金持ちが眠れないのは、財産への執着があり、夜の間に盗まれはしまいかという不安に襲われるからです。コヘレトの観察は実にリアルです。

ある学者は、コヘレトの時代背景には急激な社会変動があったと推測します（シアウ）。それはこういう説明です。コヘレトの時代、自由主義市場は予測できない好況や倒産が生じる世界になり、大もうけが可能になりました。けれども、裕福になるチャンスがある一方で、経済的没落の危機が存在します。ある人は富を失うことを恐れて富を蓄積しましたが、誤った投資のためにすべてを失う結果になりました。

実は、コヘレトはそのような投資失敗の犠牲者であった、というのです。コヘレトはこの5章でいみじくも語ります。「下手に使ってその富を失い　息子が生まれても、彼の手には何もない」（13節）。さらにまたこうも言います。「その一生の間、食べることさえ闇の中。悩み、患い、怒りは尽きない」（16節）。このように説明されると、コヘレトが実際に経済破綻した現代人に見えてくるから不思議です。

「人は、裸で母の胎を出たように、裸で帰る。来た時の姿で、行くのだ。労苦の結果を何ひとつ持っていくわけではない。これまた、大いに不幸なことだ」（14―15節）。ヨブ記1章21節でヨブがすべてを失って嘆いたときの言葉、「わたしは裸で母の胎を出た。裸でそこに帰ろう。主は与え、主は奪う。主の御名はほめたたえられよ」とよく似ています。コヘレトはヨブ記を知っているのだと思います。コヘレトは財産をすべて失い、すっからかんになった自らの情けない様をヨブの言葉に託して語っているのです。

与える方としての神

この5章の社会批判は、「飲み食い賛美」で締めくくられます。

見よ、私が幸せと見るのは、神から与え

見よ、わたしの見たことはこうだ。神に与

えられた短い人生の日々に、飲み食いし、太陽の下で労苦した結果のすべてに満足することこそ、幸福で良いことだ。それが人の受けるべき分だ。（17節）

られた短い人生の日々、心地よく食べて飲み、また太陽の下でなされるすべての労苦に幸せを見いだすことである。それこそが人の受ける分である。

「飲み食い賛美」はすでに2章24節、3章13節にも記されました。コヘレトは痛烈な社会批判の結論として、ここでも「飲み食い賛美」を記します。コヘレトが飲み食いを賛美するのは享楽主義者のつぶやきではありません。これはコヘレトにおいて決定的に重要なメッセージなのです。

興味深いことですが、5章の結論である17―19節の段落には「神」の名が4回も出てきます。しかも、いずれの場合も、「神」は「与えるお方」として表現されています。コヘレトは神を強く認識し、また、神から「与えられた」人生を喜んで受け取っているのです。先に引用した「神は天にいまし、あなたは地上にいる」という言葉（1節）が、神を疎《うと》んじる意味ではないことがよくわかるはずです。

5章では、コヘレトは社会の歪《ゆが》みや悲惨な現実を見つめ、やりきれなさにため息をつき、どうしようもない現実の前で「怒りは尽きない」(16節)とすら語りました。しかし、コヘレトの結論は決して「空しい」ではないのです。それどころか、コヘレトは神から与えられている恵みについて語ります。言い換えると、神が与えてくださっている恵みを数えてみなさい、ということです。

「飲み食い」は食事のことで、まさしく日常茶飯事です。普段、食事がことさら楽しいなどと感じることはないでしょう。しかしその日常の小さな幸いこそが「神の賜物」であり、「幸福」なのだとコヘレトは教えてくれます。私たちの人生は「神に与えられた短い人生の日々」です。残りわずかな人生の日々に、汗をかいて労苦し、食事ができることは、なんと幸いなことでしょう。それを神の賜物として受け入れ、喜んで生きることが大切なのです。

ワイブレイ(Whybray)という学者は、この「神がその心に喜びを与えられる」(19節)という言葉に、コヘレトは喜びの説教者だという結論を見いだしました。「空しい」という言葉を三八回も連発するコヘレトは、徹底して人生の喜びを嗅ぎ出す喜びの説教者なのです。

第６章　太陽の下での不幸

太陽の下に、
次のような不幸があって、
人間を大きく支配しているのを
わたしは見た。（コヘレト６・１）

聖書協会共同訳
太陽の下、私はある災いを見た。
それは人間に重くのしかかる。

６章は上掲の言葉から始まります。コヘレトは４章１節で「わたしは改めて、太陽の下に行われる虐げのすべてを見た」と書きました。両者が対応しているのは確かです。４章では太陽の下での「虐げ」が主題でしたが、６章では「不幸」が主題です。この「不幸」

は「災い」とも言い換えることができます。コヘレトにとって、太陽の下での「不幸」とはいったい何でしょうか。

黙示思想的運動という問題

ある人に神は富、財宝、名誉を与え、この人の望むところは何ひとつ欠けていなかった。しかし神は、彼がそれを自ら享受することを許されなかったので、他人がそれを得ることになった。これまた空しく、大いに不幸なことだ。（2節）

神が富と宝と栄誉を与えて、望むものは何一つ欠けることのない人がいた。だが、神はそれを享受する力をその人に与えず、他の人がそれを享受することになった。これも空であり、悪しき病である。

これは前章で学んだ5章後半に似ています。「富の管理が悪くて持ち主が損をしている。下手に使ってその富を失い……彼の手には何もない」（5・12―13）。コヘレトの時代背景に激しい経済変動があったということは考えられます。投資に失敗し、一瞬にして財産を失った人の苦悩がリアルに描かれていると読むことができます。

けれども、経済変動だけで「コヘレトの言葉」をきちんと説明することはできません。経済変動に加えて考えるべきは、コヘレトの時代に富を蔑視する生き方を是とする際立った思想が存在したのではないかということです。それは黙示思想的運動と呼ばれるものです。

既述のように黙示思想とは、旧約時代の最後のころ、紀元前の三世紀以降に興隆した思想です。これは強烈な終末的歴史観によって、現世を否定的に評価し、来世に希望を置く思想的特徴があります。聖書においてもダニエル書に見られます。つまりこの黙示思想的運動からは、富も財産も名誉も否定し、現世を生きることに価値を置かず、終末到来後の来世にあこがれるという際立った態度が生まれるのです（ダニエル書11・35、12・2）。これが伝統的なユダヤ教の思想と異なるため、大きな問題となっていたと考えられます。

もともと旧約聖書には富を蔑視する考え方はありませんでした。富は神から与えられる祝福であり、賜物です。５章18節の言葉で説明すれば、「神から富や財宝をいただいた人は皆、それを享受し、自らの分をわきまえ、その労苦の結果を楽しむように定められている」のです。けれども、黙示思想的運動においては、富を享受し人生を楽しむということがありません。結局、富を他人の手に渡してしまいます。コヘレトはそれを「大いに不幸なことだ」と語っているのです。太陽の下にある不幸とは、そのことだと考えられます。

人生に満足すること

人が百人の子を持ち、長寿を全うしたとする。
しかし、長生きしながら、財産に満足もせず
死んで葬儀もしてもらえなかったなら
流産の子の方が好運だとわたしは言おう。
その子は空しく生まれ、闇の中に去り
その名は闇に隠される。
太陽の光を見ることも知ることもない。
しかし、その子の方が安らかだ。
たとえ、千年の長寿を二度繰り返したとし
ても、幸福でなかったなら、何になろう。
すべてのものは同じひとつの所に行くのだ
から。（3―6節）

人が百人の子どもを得て
　長い年月を生きたとする。
人生の歳月は豊かであったのに
　その幸せに心は満たされず
また埋葬もされなかった。
ならば、死産の子のほうが幸いだ
　と私は言おう。
確かに、その子は空しく生まれ、闇を歩み
その名は闇に覆われる。
太陽を見ることも知ることもないが
この子のほうが彼よりも安らかである。
たとえ千年を二度生きても、人は幸せを
見ない。
すべての者は一つの場所に行くのだから。

これは4章2―3節とよく似ています。そこでは、「幸福なのは、生まれて来なかった者だ」という耳を疑うような言葉が語られました。コヘレトはここでも「流産の子の方が好運だ」と言い、「その子の方が安らかだ」と語ります。強烈な言葉です。ここだけ読むと、コヘレトはまるで自殺を奨励し、生きることに意味はない、と断言しているかのようです。けれどもそういう意味ではありません。

例えば、預言者エレミヤは「呪われよ、わたしの生まれた日は」（エレミヤ書20・14）と自らの生を否定する言い方をしましたが、だからと言って生そのものが否定されたのではありません。コヘレトが自死を拒否することは、「犬でも、生きていれば、死んだ獅子よりましだ」（9・4）と記していることからも明らかです。コヘレトはひたすら生きることに意味を見いだします。

それならばどうして「流産の子の方が好運だ」と、生を否定するような物言いをするのでしょうか。それは黙示思想があこがれる「永遠の生命（永遠に生きること）」（ダニエル書12・2）に対して、コヘレトが辛辣《しんらつ》な皮肉の言葉を浴びせているのだと考えられます。

「長生きしながら、満足もせず」という生き方は、富も財産も名誉も否定し、現世を享受しない黙示思想に立つ人々を指しています。「満足せず」は1章8節の「満たされない」と同じ意味です。1章12節から2章23節に見られるソロモンの虚構という主題とも類似しています。ソロモンもあらゆる知恵と財産と名誉を手にしながら、満足しなかった王でした。

人生に「満足しない」ことには、歴史も宇宙も「満ちず」「完成しない」というコヘレトの皮肉が込められています（本書24頁参照）。コヘレトはソロモンをだしにして、実は黙示思想的運動を批判する戦略を展開していたのです。歴史の終末（完成）に身を置く黙示思想にコヘレトは与《くみ》しません。現世ではなく、来世に価値を置くということは、長生きしても財産に満足せず、人生を楽しまないという態度にほかなりません。そこで、二千年長生きしても幸福を味わえない人生なら、人生に意味はないではないか、とコヘレトは言うのです。「流産の子の方が好運だ」は、そういう意味でコヘレトの強烈な皮肉なのです。

生きることに意味がある

人の労苦はすべて口のためだが
それでも食欲は満たされない。
賢者は愚者にまさる益を得ようか。

人の労苦はすべて口のためである。
だが、それだけでは魂は満たされない。
愚かな者にまさる益が知恵ある者にある

人生の歩き方を知っていることが
貧しい人に何かの益となろうか。
欲望が行きすぎるよりも
目の前に見えているものが良い。
これまた空しく、風を追うようなことだ。
（７―９節）

のか。
人生の歩み方を知る苦しむ人に
何の益があるか。
目に見えるほうが、欲望が行き過ぎるよりもよい。
これもまた空であり、風を追うようなことである。

これは謎めいた言葉です。けれども、直前の６節にある「すべてのものは同じひとつの所（死）に行く」から読み解くことができます。賢者も愚者も同じひとつの所に行きます。それによって、コヘレトは生きることに価値を置くべき見解を示しているようです。来世に価値を置くよりも、今、生きていることに価値を見いだし、人生に満足すべきだ、と。

「欲望が行きすぎるよりも　目の前に見えているものが良い」はちょっと難解です。「欲望（魂）が行きすぎる」は、死ぬことを表現しています。「目の前に見えているもの」とは、生きること。要するに、死ぬことより生きることに意味があるのだ、とコヘレトは考えるのです。おしまいの「これまた空しく、風を追うようなことだ」は、6章1節から始まる「太陽の下での不幸」の結論を示します。

6章の最後は、「人間、その一生の後はどうなるのかを教えてくれるものは、太陽の下にはいない」で締めくくられます。死後に何があるかを人は知りえない。それがコヘレトの認識です。これを悲観主義者の結論と見るでしょうか。イエス・キリストを信じ、復活信仰を持つ私たちは、このようなコヘレトの認識に違和感を抱くかもしれません。

けれどもコヘレトは神を否定しているのでもなければ、信仰を捨てたわけでもありません。コヘレトによれば、終わりとは人間の死にほかならず、歴史の終末は存在しません。今、生きていることに意味があります。旧約の知者コヘレトには、死によって限界づけられた生こそが神からの賜物です。生きることは、神に生かされることです。死という終わりがあるからこそ、人生は意味がある。このように生を無条件で肯定するのがコヘレトの人生観だと言えます。これは現代人にストレートに伝わる生き方なのではないかと思われます。

第７章　死ぬ日は生まれる日にまさる

弔いの家に行くのは
酒宴の家に行くのにまさる。
そこには人皆の終りがある。
命あるものよ、心せよ。
（コヘレト７・２）

聖書協会共同訳
弔いの家に行くのは酒宴の家に行くにまさる。そこには、すべての人間の終わりがある。生きる者はそれを心に留めよ。

本章のタイトルを読んで、誰もがぎょっとするでしょう。しかし、７章１節にそう記されているのです。

コヘレトはしばしば厭世主義者、虚無主義者と見なされます。コヘレトのように人生に挫折した信仰否定者になってはいけない、と反面教師的な解釈で「コヘレトの言葉」は読まれてきたように思います。けれどもコヘレトは、実際には無神論者でもなければ、信仰否定者でもありません。厭世主義、虚無主義とも無縁です。

コヘレトには意図があるのです。「死ぬ日は生まれる日にまさる」とは、生きるよりも死ぬ方が良いという意味ではなく、むしろ人生は死によって終わるということをきちんと受け止めた言葉です。ここでコヘレトが言わんとするのは、生きる者は死を認識することによって、生きることの意味に気づかされるということ。前章で学んだように、もし人が二千年の長寿を約束されたなら、今を生きる人生の意味は消失します。人生は死という終わりがあるからこそ、意味があるのです。コヘレトは生きることの意味をとことん掘り下げます。

歴史はどこに向かうのか

虐げられれば知恵ある者でさえ愚かになり
賄賂をもらえば理性を失う。
事の終わりは始まりにまさる。

賢者さえも、虐げられれば狂い
賄賂をもらえば理性を失う。

事の終りは始めにまさる。
気位《きぐらい》が高いよりも気が長いのがよい。
気短に怒るな。
怒りは愚者の胸に宿るもの。
昔の方がよかったのはなぜだろうかと言うな。
……
神の御業を見よ。
神が曲げたものを、誰が直しえようか。
順境には楽しめ、逆境にはこう考えよ
人が未来について無知であるようにと
神はこの両者を併せ造られた、と。
（7—10、13—14節）

気の長さは気位の高さにまさる。
気がせいていらだってはならない。
いらだちは愚かな者の胸に宿るものだから。
「昔が今より良かったのはなぜか」
　と言ってはならない。
……
神の業を見よ。
神が曲げたものを誰がまっすぐにできよう。
幸せな日には幸せであれ。
不幸な日にはこう考えよ。
人が後に起こることを見極められないように
神は両者を造られたのだ、と。

これもずいぶんラディカルな格言です。「賢者さえも、虐げられれば狂い」とは、4章や5章に見られた抑圧された社会状況に似ています。この段落は箴言のような格言の羅列ですが、ここにはコヘレトの一貫した意図が見えてきます。

「事の終りは始めにまさる」にはコヘレトの歴史観がにじみ出ています。歴史は破局に向かうのではないという歴史観です。コヘレトが批判する論敵は、歴史が終末の滅びに向かうという歴史観を持っています。世の終わりは破局の時代であり、その終末に向かって歴史は怒濤のように流れるという考えです。これはダニエル書に見られる黙示的歴史観です。

コヘレトは黙示的歴史観をひっくり返し、「気が長いのがよい」と揶揄します。「昔の方がよかったのはなぜだろうかと言うな」もそういう意味でしょう。歴史は終末の破局に向かって悪化するという考え方をコヘレトは否定します。

このようなコヘレトの歴史観は14節にも見られます。「人が未来について無知であるように」神が順境と逆境を併せてお造りになった、というのは終末到来の否定にほかなりません。「未来」は「終末」とも訳せます。

コヘレトは根っからの「終末」嫌い。この書のいたるところに顔を出します。それはコヘレトが黙示思想的運動に対し、一貫して否定的態度を取っているということです。歴史に終わりはなく、私という人間の死こそが終わりであり、その死から人生の意味をきちんと意味付ける。そのことを「死ぬ日は生まれる日にまさる」が冒頭で示したのです。

コヘレトの謎解き?

わたしの見いだしたところでは
死よりも、罠よりも、苦い女がある。
その心は網、その手は枷《かせ》。
神に善人と認められた人は彼女を免れるが
一歩誤れば、そのとりことなる。
見よ、これがわたしの見いだしたところ
——コヘレトの言葉——
ひとつひとつ調べて見いだした結論。
わたしの魂はなお尋ね求めて見いだされなかった。
千人に一人という男はいたが
千人に一人として、良い女は見いだされなかった。
ただし見よ、見いだしたことがある。
神は人間をまっすぐに造られたが

私は見いだした、女は死よりも苦いと。
女は罠、その心は網、その手は枷。
御心に適う人は彼女から逃げ出すことができるが
罪人はこれに捕らえられる。
「見よ、これこそ私が見いだした」
　とコヘレトは言う。
一つ一つ積み重ねて見いだした結論。
私の魂はなおも探し求めたが
　見いだされなかった。
千人の中に一人の男を見いだしたが
これらすべての中に一人の女も見いだされなかった。
ただし、見よ、これを私は見いだした。

人間は複雑な考え方をしたがる、ということ。

（26—29節）

> 神は人間をまっすぐに造ったのに
> 人間はさまざまな策略を練ろうとするのだ。

何のことやらさっぱりわからない解釈困難な箇所です。多くの解釈者も頭を悩ませますが、ここはコヘレトが謎解きを展開していると考えられます。「尋ね求め」「見いだす」という言葉の繰り返しがそれを示唆します。

まず、最初の謎かけはこうです。「死よりも、罠よりも、苦い女がある。その心は網、その手は枷。神に善人と認められた人は彼女を免れるが　一歩誤れば、そのとりことなる」。この奇妙な謎かけに対して、コヘレトは「千人に一人という男はいたが　千人に一人として、（良い）女は見いださなかった」と謎解きをしているのです。

これはサムソン物語のなぞなぞとよく似ています（士師記14章）。サムソンは「食べる者から食べ物が出た。強いものから甘いものが出た」と謎かけし、物語の結末では、「蜂蜜より甘いものは何か　獅子より強いものは何か」と謎解きがされます。これは言葉の多義性、つまり言葉遊びのテクニックで巧妙に作られているなぞなぞです。サムソンが殺した獅子の死骸に蜜蜂が巣を作り、それをなめたら甘かったという逸話。獅子を意味するヘブライ語アリーがいわば暗号的言語で、これが「獅子」と同時に「蜂蜜」をも意味することが謎解きの鍵になっています。高度な言葉遊びなのです。

それではこの「コヘレトの言葉」はどのような謎かけ・謎解きなのでしょうか。「死よりも、罠よりも、苦い女がある……」とは、何でしょうか。その答え「千人に一人という男はいたが　千人に一人として、女は見いだされなかった」で説明されているのは何でしょうか。

手がかりは、「罠」「網」「枷」「千人」です。言葉が二重の意味を持っており、罠も網も枷も千人も、実はすべて戦争用語なのです。「千人」を意味するヘブライ語エレフには「部隊」の意味もあります。戦争を遂行する「部隊」に女性はいません。皆、男性です。そこで、「死よりも苦い女」に引っかけて、コヘレトは「戦争」という言葉を引き出そうとしています。

男は女にとりこにされたら逃げ出せないように、人は戦争から逃れられないという謎解き（言葉遊び）です。これは次の8章8節の「戦争を免れる者もない」を先取りしています。こういう実に巧妙ななぞなぞをコヘレトはやっているのです。

女性蔑視の書ではない

しばしばこの箇所を実例として、「コヘレトの言葉」は女性蔑視の書だと非難されますが、ここから言えることは、コヘレトは決して女性を蔑視してはいないということです。この箇所を文字どおり、女は死よりも苦く、罠、網、枷だと読むと、コヘレトは女性嫌いも甚だしいと思うでしょう。実際、「罠」を表すヘブライ語メツォディームはギリシャ語のミソガモスと同音表記（英語のミソジェニー）で、まさに「女性嫌い」という意味です。

しかしコヘレトは決して女性を侮蔑しているわけではなく、おそらく女性に関する当時の諺《ことわざ》を26節に引用して、謎かけをしているにすぎません。その意味で、28節の新共同訳は誤訳と言わざるを得ません。ヘブライ語で「良い女」とは書かれていないからです。千人（部隊）の中には一人の女もいない、という意味にすぎないのです。

なぜこのようななぞなぞをコヘレトはするのでしょうか。それは、すでに示されたとおり、黙示思想的運動の否定のためだと考えられます。黙示思想は言葉の多義性を用いて、終末の到来を新たな啓示として引き出そうとします。しかし、コヘレトは言葉の多義性を逆手にとり、謎解きによって生の現実をあぶり出します。コヘレトは現実を見つめるリアリストなのです。

第８章　何事が起こるかは知り得ない

人間には災難の
ふりかかることが多いが、
何事が起こるかを
知ることはできない。
（コヘレト８・６―７）

聖書協会共同訳
災いは人間に重くのしかかる。
やがて何が起こるかを知る者は一人もいない。

支離滅裂な議論？

「人の知恵は顔に光を添え、固い顔も和ら

誰が知恵ある者でありえよう。

げる。」賢者のように、この言葉の解釈ができるのは誰か。それは、わたしだ。すなわち、王の言葉を守れ、神に対する誓いと同様に。気短に王の前を立ち去ろうとするな。不快なことに固執するな。王は望むままにふるまうのだから。王の言った言葉が支配する。だれも彼に指図することはできない。命令に従っていれば、不快な目に遭うことはない。賢者はふさわしい時ということを心得ている。何事にもふさわしい時があるものだ。人間には災難のふりかかることが多いが、何事が起こるかを知ることはできない。どのように起こるかも、誰が教えてくれようか。（1―7節）

誰が言葉の解釈を知りえよう。
知恵はその人の顔を輝かせ
その顔の険しさを和らげる。
私は言う。
神との誓いのゆえに、王の言葉を守れ。
王の前から慌てて立ち去るな。
悪事に関わるな。
王はすべてを思いどおりにするのだから。
王の言葉には権威がある。
誰が王に
「何ということをなさるのか」と言えよう。
王の命令を守る者は悪事を知らない。
知恵ある者の心は時と法をわきまえる。
確かに、すべての出来事には時と法がある。
災いは人間に重くのしかかる。

やがて何が起こるかを知る者は一人もいない。
確かに、何が起こるかを
誰が人に告げることができるだろう。

いきなり難しい引用をしました。何のことを言っているのかさっぱりわからず、読者の皆さんもお手上げでしょう。コヘレトは支離滅裂な議論をしているかのようです。しかし、ここでコヘレトは謎かけをし、自らその謎解きをしていると考えられます。「人の知恵は顔に光を添え、固い顔も和らげる」という格言が謎かけで、これについてコヘレトは独自の解釈をします。その結論が、「何事が起こるかを知ることはできない。どのように起こるかも、誰が教えてくれようか」という否定的な言葉で表現されるのです。

おもしろいことに、ここに出て来る1節の「言葉の解釈」と7節の「何事が起こるかを知る」という表現がダニエル書の2章に出てきます。そこでは知者ダニエルがネブカドネツァル王の見た夢を「解釈」し、神の秘密を見事に説明します。王が見る夢において、神は王に対して「将来何が起こるかを知らせる」のです。ダニエル書では、王が見た夢の事柄（言葉）が解釈されて、そこから「将来何が起こるか」という終末の啓示が引き出されます。それは神の秘密であって、それを明らかにすることが知者ダニエルの使命です。ダニエルは神の秘密を悟り、終末がいつ来るかを知ることができるのです。すでに述べてきたように、このようなダニエル書の思想を黙示思想と呼びます。ダニエル書では「言葉の解釈」と「何が起こるかを知る」ことがとても重要なのです。

ダニエルの未来予知がおそらく「コヘレトの言葉」8章の前提になっています。そう考えると、この支離滅裂な箇所の意味がほどけてきます。

現実を見据える

コヘレトは、ダニエル書において「将来何が起こるかを知らせる」と言われていることを強く否定していると、理解することができます。前章で、コヘレトが黙示思想的運動を否定していると書きましたが、この8章でも同じことが言えるのです。

ダニエル書2章でダニエルが解き明かした神の秘密は、ネブカドネツァル王に破局が来るというだけでなく、歴史の終末が到来するということでした。その終末の時がいつ来るかがダニエル書では喫緊の問題です。ダニエルは、決定しているその時を計算さえします（ダニエル書12章）。黙示思想では終末の時が決定しており、歴史はその破局に向かって奔流のように流れます。それに対してコヘレトは、将来「何事が起こるかを知ることはできない」という反論を示しました。


コヘレトが提示する格言の解釈は「王の言葉を守れ」とか「王の命令に従え」ということです。「人の知恵は顔に光を添え、固い顔も和らげる」という格言から、王に対する恭順をコヘレトは引き出すのです。ちょっと理解に苦しみますが、コヘレトは秩序や社会倫理を強く意識しています。ダニエル書は、ダニエルが王の前でどう振る舞うかよりも、王の言葉が解釈されて終末の到来が解き明かされることが関心事です。それに対してコヘレトは、王の言葉や命令に従うことに力点を置きます。終末がいつ来るかは知り得ないのだから、現実をきちんと見据えて、王の言葉と命令にきちんと従えというのです。

人は**霊**を**支配**できない。

霊を**押**しとどめることはできない。

死の**日**を**支配**することもできない。

戦争を**免**れる**者**もない。

悪は**悪**を**行**う**者**を**逃**れさせはしない。

息を支配し、息を止められる人はいない。

また、死の日を支配できる人もいない。

戦いからの免除はなく
不正はそれを行う者を救えない。

これらすべてを私は見て、太陽の下で

わたしはこのようなことを見極め、太陽の下に起こるすべてのことを、熱心に考えた。今は、人間が人間を支配して苦しみをもたらすような時だ。（8—9節）

> 行われるすべての業に心を向けた。今は、人が人を支配し、災いを招く時代である。

この言葉からもコヘレトの立ち位置がわかります。特に、「戦争を免れる者もない」はコヘレトの時代状況を物語ります。コヘレトは現実を見つめ、現実を担うという態度を取ります。コヘレトはリアリストです。

すべてを悟ることはできない

それゆえ、わたしは快楽をたたえる。
太陽の下、人間にとって
　飲み食いし、楽しむ以上の幸福はない。
それは、太陽の下、神が彼に与える人生の
日々の労苦に添えられたものなのだ。

> そこで、私は喜びをたたえる。
> 太陽の下では食べ、飲み、楽しむことよりほかに
> 　人に幸せはない。
> これは、太陽の下で神が与える人生の

わたしは知恵を深めてこの地上に起こることを見極めようと心を尽くし、昼も夜も眠らずに努め、神のすべての業を観察した。まことに、太陽の下に起こるすべてのことを悟ることは、人間にはできない。人間がどんなに労苦し追求しても、悟ることはできず、賢者がそれを知ったと言おうとも、彼も悟ってはいない。（15―17節）

日々の労苦に
　伴うものである。
　私は知恵を知るために心を尽くし、地上でなされる人の務めを見ようとした。昼も夜も、見極めようとして目には眠りがなかった。私は神のすべての業を見た。太陽の下で行われる業を人は見極めることはできない。人が探し求めようと労苦しても、見極めることはできない。たとえ知恵ある者が知っていると言っても、彼も見極めることはできない。

「快楽をたたえる」と書いていますが、コヘレトは決して享楽主義者ではありません。「飲み食いし、楽しむ」ことは、人生において大切なものであり、神から与えられた賜物とコヘレトは考えます。人生は生きるに値する神の賜物です。これは、終末後に価値を置くゆえ地上の人生を空疎なものにしてしまう黙示思想的運動に対して、コヘレトが強く反論しているのです。死の向こうの彼岸に価値を置くと、人生の喜びは失せてしまいます。

先ほどの「将来何が起こるかを知る」ということは、終末後の彼岸に価値を見るという思想にほかなりません。ダニエル書がそうであるように、黙示思想では終末到来時は計算可能です。その終末時が来るまでは、現在時はただ耐えるだけの通過点ですから、現実を担うことなど誰も考えもしなくなります。今を生きることはどうでもよくなり、まさしく生きる喜びはなくなるでしょう。この黙示思想的運動がもたらす問題性にコヘレトは異を唱えているのです。

「太陽の下に起こるすべてのことを悟ることは、人間にはできない」のは、神の隠された秘密を決して知り得ないというコヘレトの確信です。その結論がきちんとここに記されます。このことは、今を生きる私たちにとっても重要なことではないでしょうか。

現代において神の隠された秘密を知り得ると公言し、黙示思想にはまり込んだのはオウム真理教でした。終末時を予言し、未来を既知のものとすればするほど、今という時が空疎なものになり、それに耐えきれず、終末時を早めて今の時を充足したいという熱情に駆られます。サリンを撒くという犯罪はそれとよく似ています。

黙示思想の問題性について、聖書学者の大貫隆先生がこう書いています。「そこには人間の手による恣意的な解釈と計算を神意によるものと言い張ってゆく誘惑が口を広げている。あるいは、神が操作可能なものとなり始めると言ってもよい。そもそも黙示文学者が普遍史全体を鳥瞰して、神の歴史支配の法則を『読解』できるのだと考えるとき、彼は構造的には神の位置に身を置いているのである」（『終わりから今を生きる　姿勢としての終末論』教文館、一九九九年、一二四ページ）。

そのとおりだと思います。コヘレトは神の秘密は知り得ないという認識において、現実をきちんと担う生き方を説くのです。主イエスもまた、その日がいつ来るかは知らないと言われ、忠実に僕の責任を果たすべきことをお命じになりました（マタイ24・36―51）。

第9章　短い人生だからこそ

空しい人生の日々
愛する妻と共に楽しく
生きるがよい。（コヘレト9・9）

聖書協会共同訳
愛する妻と共に人生を見つめよ
空である人生のすべての日々を。

生と隣り合う死を見つめる

太陽の下に起こるすべてのことの中で最も悪いのは、だれにでも同じひとつのことが臨むこと、その上、生きている間、人の心

太陽の下で行われるすべてのうちで最も悪しきことはこれ、すなわち一つの運命がすべての人に臨むこと。生きている間に、

は悪に満ち、思いは狂っていて、その後は
死ぬだけだということ。（９・３）

「コヘレトの言葉」には、旧約聖書の他書には見られない異端的とも言える言葉があちらこちらにあります。ここもそうです。こんな虚無的なことが聖書に書いてあるとは驚きです。コヘレトという人は実にニヒルで、斜に構えて人生を見つめるリアリストです。死だけを考え、また人間の心は悪に満ちているとすら言うのですから。ここで誰にでも臨む「ひとつのこと」とは、当然のことながら、死を指します。けれども、コヘレトを神への信仰を失った異端者だと決めつけるのは間違いです。コヘレトの虚無的な物言いはさらに続きます。

命あるもののうちに数えられてさえいれば
まだ安心だ。
犬でも、生きていれば、死んだ獅子よりましだ。
生きているものは、少なくとも知っている

人の子らの心は悪に満ち、無知に支配される。そして、その後は死者のもとへ行く。

確かに、すべて生きる者として選ばれていれば
　誰にも希望がある。
生きている犬のほうが死んだ獅子より幸

生きている者は死ぬことを知っている。
せである。

自分はやがて死ぬ、ということを。
（4―5節）

死ぬことばかり考えているコヘレトにとって人生は意味があるのか、と疑いたくなりそうです。けれども、「犬でも、生きていれば、死んだ獅子よりましだ」という言葉が目に留まります。旧約では犬は獅子に比べ価値のない動物ですが、その犬でも生きてさえいれば、死んだ獅子に勝るとコヘレトは言います。これは、いわば「生きてるだけで丸もうけ」ということです（上村静『キリスト教の自己批判』新教出版社、二〇一三年、六一頁）。

メメント・モリ（死を覚えよ）という中世ヨーロッパの思想があります。死を直視することによって、より良く生きることを知るという逆説的な思想です。生は死と隣り合わせであり、死と表裏一体でつながっているからこそ、人間の生は意味あるものとなります。東日本大震災では多くの人がメメント・モリを実感しました。死と向き合うときに、生は光を放ちます。死は、生きよと呼びかけます。

これと同質のものがコヘレトにもあるのです。コヘレトの時代背景には、度重なる紛争や戦争があったのでしょう。いやと言うほど多くの死を見つめることによって、そこから

「犬でも、生きていれば」というように、生を無条件で肯定する逆説的な発想がコヘレトから生まれます。生きてさえいれば、希望があるのです。

生を全面的に肯定する

死から生へと反転するコヘレトの思想が次の詩文に見られます。

さあ、喜んであなたのパンを食べ
気持よくあなたの酒を飲むがよい。
あなたの業を神は受け入れていてくださる。
どのようなときも純白の衣を着て
頭には香油を絶やすな。
太陽の下、与えられた空しい人生の日々
　愛する妻と共に楽しく生きるがよい。
それが、太陽の下で労苦するあなたへの
　人生と労苦の報いなのだ。

さあ、あなたのパンを喜んで食べよ。
あなたのぶどう酒を心楽しく飲むがよい。
神はあなたの業をすでに受け入れてくださった。
いつでも衣を純白に
頭には香油を絶やさないように。
愛する妻と共に人生を見つめよ
　空である人生のすべての日々を。
それは、太陽の下、空であるすべての日々に何によらず手をつけたことは熱心にするがよい。
いつかは行かなければならないあの陰府には
仕事も企ても、知恵も知識も、もうないのだ。（7―10節）

神があなたに与えたものである。
それは、太陽の下でなされる労苦によって
あなたが人生で受ける分である。
手の及ぶことはどのようなことでも
力を尽くして行うがよい。
あなたが行くことになる陰府には
業も道理も知識も知恵もない。

この詩文は快楽主義ではありません。コヘレトは人生を肯定しているのです。古代オリエントの『ギルガメシュ叙事詩』にこれと似たものがあります。「ギルガメシュよ、お前の腹を満たし、昼も夜も楽しむがよい。日毎に宴会を催し、昼も夜も踊り、遊べ。あなたの妻を胸に抱いて喜ばせなさい。これが人間のなすべきことだから」（第10の書板）。

ヘレニズム時代にはこのような人生肯定の思想が広く見られましたが、旧約の知者コヘレトは、ここではむしろダニエル書に見られる終末論的な禁欲を問題にしていると考えられます。「そのころわたしダニエルは、三週間にわたる嘆きの祈りをしていた。その三週間は、一切の美食を遠ざけ、肉も酒も口にせず、体には香油も塗らなかった」（ダニエル書10・2—3）。

ダニエル書のダニエルは神の啓示を受けるため自ら禁欲的な態度を取ります。このような禁欲主義にコヘレトは否を述べているようです。ダニエルが「美食を遠ざけ」「肉も酒も口にせず」「体には香油も塗らなかった」のに対し、コヘレトは「喜んでパンを食べ」「気持よく酒を飲み」「頭には香油を絶やすな」と勧めます。まったく逆の生き方が提示されます。

旧約世界では、基本的に禁欲的な生き方は要求されません。ところが、コヘレトの時代に禁欲的生き方が存在したようです。ダニエル書に見られるような、強烈な終末的歴史観によって現世を否定的に評価し、来世に希望を置く黙示思想的運動です。

これは死の向こうにある来世に希望を見いだします。けれども終末を待ち、終末到来後の来世にあこがれると、現世を意味あるものとして肯定する生き方が失われます。コヘレトが「いつかは行かなければならないあの陰府には　仕事も企ても、知恵も知識も、もうないのだ」と述べるとき、そこには強烈な黙示批判があります。

コヘレトは黙示思想的運動とは真逆の態度を取り、人生を肯定し楽しむ生き方を提示します。言い換えれば、死と向き合って意味が反転し、生を全面肯定するという生き方です。それは、前述の「犬でも、生きていれば」という態度とともにコヘレトにおいて一貫したものです。

コヘレトは「空しい人生の日々　愛する妻と共に楽しく生きるがよい」と勧めます。「空しい人生」と訳されていますが、「空しい」（へベル）とは決して否定的な意味ではありません。これは「空しい」よりも、「短い」とか「束の間の」という意味です。コヘレトは人生が短いことを知っています。

旧約の時代、平均寿命は四十歳に届きませんでした。人生は短く、結婚して妻と生きる時間は限られています。あとどれくらい生きられるか、あとどれくらい妻と一緒に過ごせるかをコヘレトは絶えず考えます。短い時間をどう過ごすか。迫りくる死を前にしてどう生きるか。その答えが、「愛する妻と共に楽しく生きるがよい」です。「空しい人生の日々」が、妻と過ごす時間の掛け替えのなさを創り出します。残る時間は短ければ短いほど、地上において妻と生きる幸せをもたらします。妻と生きる一瞬が永遠化します。そのような逆説的真理をコヘレトは語るのです。

時は知り得ない

太陽の下、再びわたしは見た。
足の速い者が競走に、強い者が戦いに
　必ずしも勝つとは言えない。
……
時と機会はだれにも臨むが
人間がその時を知らないだけだ。
魚が運悪く網にかかったり
鳥が罠にかかったりするように
人間も突然不運に見舞われ、罠にかかる。
（11―12節）

太陽の下、私は振り返って見た。
足の速い者のために競走があるのでもなく
勇士のために戦いがあるのでもない。
……
時と偶然は彼らすべてに臨む。
人は自分の時さえ知らない。
不幸にも魚が網にかかり
鳥が罠にかかるように
突然襲いかかる災いの時に
人の子らもまた捕らえられる。

一見ひねくれた言葉です。コヘレトは世界の不確かさ、先行き不透明さを語ります。世界記録を保持するアスリートがオリンピックでは必ずしも優勝できないように、思わぬ出来事が生じます。それが私たちの世界です。人間も突然不運に見舞われます。

この段落は、「コヘレトの言葉」の中で、3章1—17節の「時の詩文」と対応します。「神はすべてを時宜にかなうように造り」「それでもなお、神のなさる業を始めから終りまで見極めることは許されていない」というコヘレトの認識は、「時と機会はだれにも臨むが　人間がその時を知らないだけだ」という言葉とつながっています。神は「時」を創造されました。それはカイロスです。けれども、人間はそのカイロスをつかむことができません。後になって初めてそれに気づかされます。大切なのは、不確かな世界でどう生きるかなのです。

コラム　「楽しく生きる」と「人生を見つめる」

このたびの「聖書協会共同訳」において、ひときわ際立つ訳文が「コヘレトの言葉」にあります。それは、９章９節前半です。

「太陽の下、与えられた空しい人生の日々　愛する妻と共に楽しく生きるがよい。」（新共同訳）

「愛する妻と共に人生を見つめよ　空である人生のすべての日々を。それは、太陽の下、空であるすべての日々に　神があなたに与えたものである。」（聖書協会共同訳）

新共同訳は、「愛する妻と共に楽しく生きるがよい」と訳しています。これによって、「飲食を楽しめ」という直前の勧め（７節）と結びつけられ、コヘレトは享楽や快楽を追求しているかのように理解されます。快楽以外に、人生においては何の楽しみもないのだというコヘレトの悲観的な勧めということでしょうか。「空しい人生の日々」と訳されますので、なおのこと快楽を追求するコヘレトの姿勢が浮かび上がります。

それに対して、聖書協会共同訳は「愛する妻と共に人生を見つめよ」と訳します。画期的な新訳ですが、実はこれがヘブライ語の直訳なのです。ヘブライ語の動詞ラアは「見る」が原意です。従来の諸訳では、「楽しく生きよ」(口語訳は「楽しく暮すがよい」)と訳されることが多いのですが、それは文脈から恣意的に解釈された訳と言えなくもありません。しかし、ヘブライ語は確かに「人生を見つめよ」なのです。コヘレトにとって愛する妻は人生の掛け替えのないパートナーです。その妻と共に人生を見つめよ、と勧められるのです。平均寿命が四十歳に届かない旧約時代において、妻と共に過ごす時間は限られていました。その人生の時間は、神から与えられた賜物だとコヘレトは見ているのです。「共に人生を見つめよ」とは、結婚生活において心すべき夫婦の生き方が実に味わい深く表現されているのではないでしょうか。ここには、コヘレトは享楽主義者という偏見を払拭する読み方が提示されているように思われます。新しい聖書協会共同訳は、前例に束縛されない非常にすぐれた翻訳をしました。これから暗誦される聖句になりそうです。

第10章　親友に向かってすら王を呪うな

空の鳥がその声を伝え
翼あるものが
その言葉を告げる。（コヘレト10・20）

聖書協会共同訳
空の鳥がその声を運び
翼を持つものがその言葉を知らせてしまう。

武器にまさる知恵

10章は格言の羅列の章です。そこに一貫したものを読み取るのに誰もが苦労します。けれども、よく読んでみると、話の筋は前章のエピソードから続いていることに気づきます。

わたしはまた太陽の下に、知恵についての次のような実例を見て、強い印象を受けた。ある小さな町に僅かの住民がいた。そこへ強大な王が攻めて来て包囲し、大きな攻城堡塁《ほうるい》を築いた。その町に一人の貧しい賢人がいて、知恵によって町を救った。しかし、貧しいこの人のことは、だれの口にものぼらなかった。それで、わたしは言った。

知恵は力にまさるというが
この貧しい人の知恵は侮られ
その言葉は聞かれない。（9・13―16）

次もまた太陽の下で私が見た知恵であり、私にとってただならぬことであった。

小さな町があって、僅かな住民がいた。そこに強大な王が攻めて来て町を包囲し、これに向かって巨大な塁を築いた。その町に貧しいが知恵のある男が現れ、知恵によって町を救った。けれども、この貧しい男を人々は記憶に留めることはなかった。そこで、私は言った。

知恵は武力にまさるが
貧しい男の知恵は侮られ
その言葉は聞かれることがない。

はっきりしたことはわかりませんが、コヘレトの時代には大国による侵略や武力抗争が頻繁にあったようです。３章にも時の詩文があり、「戦いの時、平和の時」（８節）にコヘレトの時代状況が現れます。「殺す時、癒す時　破壊する時、建てる時」(3節)という表現を読みますと、最近のシリア内戦で破壊され瓦礫《がれき》となったアレッポの町の心痛む光景がふと思い浮かびます。コヘレトは平和を願いますが、その思いは無残に踏みにじられます。

右に引用したように、強大な王によって町々が攻め滅ぼされるということが現実に起こります。その小さな町に知恵ある貧しい人がいて、強大な王の侵略から町を救いました。ところがその町を救った貧しい人の知恵は侮られ、聞かれません。この出来事の教訓を9章18節にある「知恵は武器にまさる。一度の過ちは多くの善をそこなう」という格言が見事に説明しています。

強大な武力にどう対抗するか。コヘレトは武器で立ち向かうことより、知恵で立ち向かうことの大切さに目を向けます。その判断を覆すならば、多くの善が損なわれてしまいます。

この知恵ある貧しい人が顧みられなかった記述をきっかけに、10章でコヘレトは賢者と愚者のコントラストを格言の羅列で表現するのです。コヘレトは愚者をこき下ろします。「死んだ蠅は香料作りの香油を腐らせ、臭くする。僅かな愚行は知恵や名誉より高くつく」(1節)は、たった一匹の死んだ蠅が混入するだけで香料が台無しになるということで、意味深長です。頻出する「愚行・愚かさ」という言葉は1章17節以降、コヘレトがしばしば用いる表現です。

未来のことは分からない

落とし穴を掘る者は自らそこに落ち
石垣を破る者は蛇にかまれる。
……
愚者はたわ言をもって口を開き
うわ言をもって口を閉ざす。
愚者は口数が多い。
未来のことはだれにも分からない。
死後どうなるのか、誰が教えてくれよう。
愚者は労苦してみたところで疲れるだけだ。
都に行く道さえ知らないのだから。
(8―15節)

穴を掘る者はそこに落ち
石垣を崩す者は蛇にかまれる。
……
その〔愚かな者の〕口から出る言葉は愚かさで始まり
悪しき無知で終わる。
愚かな者は多くを語るが
やがて何が起こるかは誰も知らない。
その後どうなるかを
　誰が彼に告げることができようか。
愚かな者は労苦したところで疲れるだけだ。
町に行く道さえも知らない。

8節の「落とし穴を掘る者は自らそこに落ち」は、文字どおり「墓穴を掘る」という意味です。「石垣を破る者は蛇にかまれる」は、破壊的な行動をすれば不幸な結果になるということでしょう。イスラエルでは石垣の隙間に蛇が潜んでいて、知らずにかまれることもあったようです。いずれも愚者を揶揄《やゆ》する格言です。

14節の「愚者は口数が多い」という表現は、5章2節の「愚者の声と知れるのは口数が多いから」とよく似ています。そこでは「夢を見る」愚者が批判されました。おそらくコヘレトが敵視する黙示思想的運動が、ここでも批判の対象ではないかと考えられます。と言うのも「未来のことはだれにも分からない」は、8章7節「何事が起こるかを知ることはできない」と同じ表現で、これは以前に指摘したとおり、反黙示思想的な定型表現だと説明できるからです。

「口数が多い」とは、将来何が起こるか、つまり終末の到来について多く語るということでしょう。ダニエル書ではダニエルがそのような終末時について天使から啓示を受けて語ります（10―11章）。それは神の秘義を既知のものとして語るということです。しかしコヘレトは、それを断固として拒否します。「未来のことはだれにも分からない」からです。

それはコヘレトが一貫して語っていることです。

次の「死後どうなるのか、誰が教えてくれよう」は、3章22節の「死後どうなるのかを、誰が見せてくれよう」と同じ表現です。これは復活を否定する表現です。ダニエル書の黙示思想は復活を語ります（12章）。それに対して、コヘレトは「死後どうなるのか、誰が教えてくれよう」と真っ向から復活否定の態度を示します。

このコヘレトの態度は、私たちキリスト者には受け入れがたいものです。けれどもコヘレトは復活を否定したとしても、神を否定し信仰を否定するのでは決してありません。それは、この書を最初からきちんと読んでいる私たちにはわかるはずです。旧約時代に生きるコヘレトにとって、終末到来を既知なるものと考え、また死後の復活を語ることは、箴言など知恵文学の伝統的な思想を否定することであって、とうてい受け入れることはできなかったのです。

コヘレトはあくまで旧約時代の知者です。そこに「コヘレトの言葉」の限界があります。しかしそれによってコヘレトの思想そのものを否定する必要はありません。コヘレトは知り得ないことについては語らず、神の手に委ねるのです。

平和と戦争のはざまで

両手が垂れていれば家は漏り
両腕が怠惰なら梁は落ちる。
食事をするのは笑うため。
酒は人生を楽しむため。
銀はすべてにこたえてくれる。
親友に向かってすら王を呪うな。
寝室ですら金持ちを呪うな。
空の鳥がその声を伝え
翼あるものがその言葉を告げる。（18―20節）

> 怠惰になると天井は落ち
> 手を抜くと家は雨漏りがする。
> 食事を整えるのは笑うため。
> ぶどう酒は人生を楽しませる。
> 銀はそのすべてに応えてくれる。
> 心の中で王を呪ってはならない。
> 寝室で富める者を呪ってはならない。
> 空の鳥がその声を運び
> 翼を持つものがその言葉を知らせてしまう。

この最後の段落の格言はちょっと奇妙ですが、やはりコヘレトの時代の社会状況を語っているようです。この中で、コヘレトは「親友に向かってすら王を呪うな」と命じます。政治的発言については自重せよ、ということでしょう。王の前では慎重な態度を取れ、ということは8章でも語られています。コヘレトは政治の腐敗や社会のゆがみに批判的な態度を取りますが（4―5章）、ここでは王を呪うような言葉は慎めと語ります。「寝室ですら金持ちを呪うな」とも忠告します。

この時代、戦闘や抗争が繰り返されていたとすれば、イスラエル社会に密告者やスパイもいたということでしょうか。「空の鳥」や「翼あるもの」は比喩的な表現で、説明不能です。まるで盗聴マイクのようなものを想像させます。どこにいるかわからない密告者が王を呪う言葉を密かに聞き取り、通報するかもしれないから注意せよ、という警告であることは確かです。当時、平和と戦争のはざまで、こういう社会事情もあったのです。

二〇一七年六月、自民党・公明党連立政権により、テロ等準備（共謀罪）の条項を新たに加えた「改正組織犯罪処罰法」が成立しました。組織的犯罪集団が取り締まりの対象となります。表向きはテロなどの組織的犯罪を未然に防ぐことが目的ですが、かつての治安維持法を連想してしまいます。すでに二〇一四年には「特定秘密保護法」も施行され、ジョージ・オーウェルの小説『一九八四年』のような全体主義による大規模監視社会がこの日本にも到来しているかに見えます。二〇一三年、アメリカで政治権力が際限のない監視を行い、深刻な権力濫用が始まっていることを暴露したのはエドワード・スノーデンでした。

コヘレトが「空の鳥がその声を伝え　翼あるものがその言葉を告げる」と警告したのは、現代社会に向けてではなかったかと考えてしまいます。現代の深刻な社会的問題を予告する預言者的な言葉をコヘレトは語っているようです。

第11章　種を蒔け、夜にも手を休めるな

朝、種を蒔け、
夜にも手を休めるな。
実を結ぶのは
あれかこれか……
分からないのだから。（コヘレト11・6）

聖書協会共同訳
朝に種を蒔き
夕べに手を休めるな。
うまくいくのはあれなのか、これなのか
……
あなたは知らないからである。

最悪のシナリオを考える

「コヘレトの言葉」11章は印象深い言葉から始まります。

あなたのパンを水に浮かべて流すがよい。
月日がたってから、それを見いだすだろう。
七人と、八人とすら、分かち合っておけ
国にどのような災いが起こるか
　分かったものではない。（1―2節）

あなたのパンを水面《みなも》に投げよ。
月日が過ぎれば、それを見いだすからである。
あなたの受ける分を七つか八つに分けよ。
地にどのような災いが起こるか
　あなたは知らないからである。

一九五四年版『讃美歌』五三六番「むくいをのぞまで　ひとにあたえよ」の歌詞にある「水の上《え》に落ちて、ながれしたねも、いずこのきしにか生いたつものを」は、この「コヘレトの言葉」に由来します。今回はまずこのことから始めましょう。

1節の「あなたのパンを水に浮かべて流すがよい」は、海上貿易を例えていると言われます。箴言31章14節の格言「商人の船のように　遠くからパンを運んで来る」にとてもよく似ています。古代の海上貿易は悪天候による船の遭難など、不慮の事故が起こる危険性は常にありました。せっかく船で生産物を遠くに送り出しても、無事に港に到着して利益をもたらすかどうかはまったく不透明です。それでもパンを海上の人へ手渡せとコヘレトは勧めているのだと説明できます。

あるいはまた、これは慈善行為を奨励することわざだと説明されることもあります。慈善行為も必ずしも報われるとは限らず、徒労に終わることがあります。けれども、「月日がたってから、それを見いだすだろう」と記されるように、小さな愛の業はいつかどこかで実を結ぶことがあるのではないでしょうか。そのように読み取ると、先ほどの賛美歌の歌詞の由来がわかります。

いずれにせよ、「パンを水に浮かべて流せ」は、賛美歌のとおり、積極的な行動への勧めなのです。コヘレトという人を厭世的な虚無主義者だと考える人は、この11章を読んで虚を衝《つ》かれるに違いありません。

次の2節の言葉も印象的です。「七人と、八人とすら、分かち合っておけ」という命令の根拠は何でしょうか。それは、「国にどのような災いが起こるか　分かったものではない」という将来の悲観的な認識です。例えば、今後、この日本にどんな原発事故が起こるかわかったものではない、と言い換えてよいかもしれません。

こういう最悪のシナリオをコヘレトは考えます。しかし、そのような将来への悲観的な予測は、今あるものを仲間たちと分かち合えという共生への促しとなるのです。コヘレトは最悪のシナリオを考えながら、今をどう生きるかについて建設的な提案をしていることがわかります。現代に通用する発想ではないかと思います。

徹底して最善を尽くせ

コヘレトの発言はさらに続きます。

雨が雲に満ちれば、それは地に滴る。
南風に倒されても北風に倒されても
木はその倒れたところに横たわる。
風向きを気にすれば種は蒔けない。
雲行きを気にすれば刈り入れはできない。
妊婦の胎内で霊や骨組がどの様になるのか
も分からないのに、すべてのことを成し遂
げられる神の業が分かるわけはない。
朝、種を蒔け、夜にも手を休めるな。

雲が満ちれば、雨が地に降り注ぐ。
木が南に倒れても、北に倒れても
その倒れた場所に木は横たわる。
風を見守る人は種を蒔けない。
雲を見る人は刈り入れができない。
あなたはどこに風の道があるかを知らず
妊婦の胎内で骨がどのようにできるかも
　知らないのだから
すべてをなす神の業は知りえない。

実を結ぶのはあれかこれか
それとも両方なのか、分からないのだから。
（3―6節）

朝に種を蒔き
夕べに手を休めるな。
うまくいくのはあれなのか、これなのか
あるいは、そのいずれもなのか
あなたは知らないからである。

コヘレトはわからないという疑念を繰り返し、否定的なことばかり述べているように受け取られそうです。けれども、よく読んでみましょう。雲が満ちれば雨が降りますし、樹木は吹く風によって倒れる方向が定まります。妊婦のお腹《なか》で胎児がどう育つか人間にはわからないように、神がなさる業が私たちにわかるわけがありません。確かにそうです。コヘレトの論理だと、その結果、何をしても無駄だから、流れに任せて生きるしかないというネガティブな生き方になりそうです。

そこで、次の6節の種蒔きの発言に至ります。古代の種蒔きは、原始的です。農夫が地面に無造作に種を振りまくだけです。現代と違い、実を結ぶ種は多くはありません。福音書に記される種蒔きのたとえと似ていて、どの種が実を結ぶか皆目わかりません。まさしく「実を結ぶのはあれかこれか　それとも両方なのか、分からない」のです。いや、どの種も実を結ばないかもしれません。そうすると、種蒔きなんて無駄だと言いたくなります。けれども予想に反して、コヘレトは「朝、種を蒔け、夜にも手を休めるな」と勧めます。これは、朝から晩まで種を蒔け、夜も休まず徹底して種を蒔き続けよ、ということです。

驚くべき思考です。一寸先は闇。これから最悪のシナリオを考えねばならない。何をしても無駄かもしれないし、すべてが徒労に終わるかもしれない。もう諦めるしかないという悲観的な結論に至る瀬戸際で、だからこそ最善を尽くし、徹底して生きよと、コヘレトは勧めます。絶望の壁にぶつかって反転して希望に向かうように、コヘレトは最善を尽くして徹底的に今を生き抜け、と命じているのです。

死という終わりを見つめ、そこから生きる尊さを知って「犬でも、生きていれば、死んだ獅子よりましだ」と反転したように（9・4）、ここでもコヘレトは、突き抜けた生き方を語ります。空しいから投げ出すのではありません。先が見えないから諦めるのではありません。空しく、先が見えないからこそ、今、最善を尽くす生き方をせよ、とコヘレトは述べています。このことが、「コヘレトの言葉」が私たちに語ろうとする最も重要な倫理なのだと思います。

若者よ、若さを喜べ

若者よ、お前の若さを喜ぶがよい。
青年時代を楽しく過ごせ。
心にかなう道を、目に映るところに従って行け。
知っておくがよい
神はそれらすべてについて
お前を裁きの座に連れて行かれると。
心から悩みを去り、
肉体から苦しみを除け。
若さも青春も空しい。（9―10節）

若者よ、あなたの若さを喜べ。
若き日にあなたの心を楽しませよ。
心に適う道を
　あなたの目に映るとおりに歩め。
だが、これらすべてについて
　神があなたを裁かれると知っておけ。
あなたの心から悩みを取り去り
あなたの体から痛みを取り除け。
若さも青春も空だからである。

最後の「若さも青春も空しい」という結論を読むと、コヘレトはやはり虚無主義者だと思われるかもしれません。けれども、この「空しい」と訳されるヘベルは、「短い」とか

「つかの間」という意味だと説明できます。前にも触れましたが、旧約聖書の時代、人の平均寿命は四十歳に届きませんでした。七十歳、八十歳まで生きられる人は極めてまれだったのです（O・カイザー／E・ローゼ『死と生』吉田泰／鵜殿博喜訳、ヨルダン社、一九八〇年、九五ページ）。その現実から、二十歳になった若者があとどれくらい生きられるかを推測してみれば「若さも青春も空しい」という言葉のニュアンスがわかります。

残された時間は短いという感覚は、コヘレトにおいてはまさしく若者の現実ですが、現代ならば、高齢期にある多くの人たちの感覚に当てはまるのではないでしょうか。コヘレトは、このような時間感覚から、「若者よ、お前の若さを喜ぶがよい。青年時代を楽しく過ごせ」と説いています。これは、与えられている束の間の時を精いっぱい生きよ、という勧めです。つかの間だけれども生きよではなく、つかの間だからこそ生きよ、です。

9節後半の「神は……お前を裁きの座に連れて行かれる」という言葉は、神の裁きが下るぞという脅しの表現にも読み取れますが、「神があなたを支配して導く」と訳すことができます。神のご支配の中にある人生だから、与えられた今の時を精いっぱい生きよ、徹底して生きよという意味なのです。これは若者だけに向けられているのではありません。私たちすべてに向けられている言葉だとつくづく思います。このような積極的な生き方を選ぶコヘレトの思考は11章全体を貫いています。

コヘレトは断じて虚無主義者でもなければ、厭世主義者でもありません。今を生きよ、徹底して生きよ、明日に向かって今日も種を蒔け。これは、ルターの言葉と言われる「たとえ明日、世の終わりが来ようとも、今日、私はリンゴの木を植えよう」につながります。

第12章　青春の日々にこそ

青春の日々にこそ、
お前の創造主に
心を留めよ。（コヘレト12・1）

聖書協会共同訳
若き日に、あなたの造り主を心に刻め。

与えられた時を賜物として

「コヘレトの言葉」も最終章にたどりつきました。取り付く島もない難解なこの知恵文学に新たな道筋をつけながら、現代に語るメッセージを読み取ってきました。最後の12章は、多くの方にはおなじみの上掲の言葉から始まります。

以前の口語訳聖書では、「あなたの若い日に、あなたの造り主を覚えよ」でした。教会学校で暗誦する定番の聖句の一つです。有名な聖句ですが、後をよく読むとちょっと意外です。

苦しみの日々が来ないうちに。
「年を重ねることに喜びはない」と
言う年齢にならないうちに。
太陽が闇に変わらないうちに。
月や星の光がうせないうちに。
雨の後にまた雲が戻って来ないうちに。
(1—2節)

災いの日々がやって来て
「私には喜びがない」と言うよわいに
近づかないうちに。
太陽と光、月と星が闇にならないうちに。
雨の後にまた雲が戻って来ないうちに。

若いうちに創造主を知れば、年を取って幸せになれる、とは書かれていません。「苦しみの日々が来ないうちに……」と記され、年を重ねる「闇」の恐怖をあおるような書き方がされています。苦しまないよう、今のうちに「創造主に心を留めよ」という皮肉った勧告でしょうか。もしコヘレトを虚無主義者と見るとするなら、そう読むこともできます。

しかし、旧約時代の平均寿命は四十歳に満ちませんでした。青春期の若者があとどれくらい生きられるか、時はごく限られているのです。二十歳になった若者の平均余命が六〇年、七〇年という現代とはまったく意味が違います。終わりまでの時間はわずかです。その終わりを前にして、今この時を創造主から与えられた掛け替えのない賜物として受け止めなさい。こうした呼びかけが、「青春の日々にこそ、お前の創造主に心を留めよ」という言葉に込められているのだと思います。

そういう意味では、この聖句は若者への呼びかけということでは必ずしもありません。むしろ高齢になって、あとどれくらい生きられるかを考える多くの人たちへのメッセージだと言えるでしょう。

塵は元の大地に帰る

その日には
家を守る男も震え、力ある男も身を屈《かが》める。
粉ひく女の数は減って行き、失われ

その日には
家を守る男たちは震え
力ある男たちは身をかがめる。

窓から眺める女の目はかすむ。
通りでは門が閉ざされ、粉ひく音はやむ。
鳥の声に起き上がっても、歌の節《ふし》は低くなる。
人は高いところを恐れ、道にはおののきがある。
アーモンドの花は咲き、いなごは重荷を負いアビヨナは実をつける。
人は永遠の家へ去り、泣き手は町を巡る。
白銀《しろがね》の糸は断たれ、黄金《こがね》の鉢は砕ける。
泉のほとりに壺は割れ、井戸車は砕けて落ちる。
塵は元の大地に帰り、霊は与え主である神に帰る。
なんと空しいことか、とコヘレトは言う。
すべては空しい、と。（3―8節）

粉挽く女は数が減って作業をやめ
窓辺で眺める女たちは暗くなる。
粉を挽く音が小さくなり
通りの門は閉ざされる。
鳥のさえずりで人は起き上がり
娘たちの歌声は小さくなる。
人々は高い場所を恐れ、道でおののく。
アーモンドは花を咲かせ、ばったは足を引きずり
ケッパーの実はしぼむ。
人は永遠の家に行き、哀悼者たちは通りを巡る。
やがて銀の糸は断たれ、金の鉢は砕かれる。
泉で水がめは割られ、井戸で滑車は砕け散る。

塵は元の大地に帰り、息はこれを与えた神に帰る。
空の空、とコヘレトは言う。
一切は空である。

この不思議な詩文。これは1章2―11節の詩文とよく似ています。1章冒頭の詩は宇宙の終わりはやって来ないと結論しますが、この結末の詩では、人間の死こそが終末であるという結論になります。このことはコヘレトにおいて一貫している思想です。知恵文学には人間の死を超える彼岸的な思想はありません。むしろ死という終わりを前にして、積極的に生きることが知恵文学では重要な関心事です。コヘレトはこの結末の詩文において、そのような知恵の思考に基づいて、彼岸的な思考をする黙示的終末論に対峙したのだと思われます。

冒頭の詩文が「空しい」で始まり、結末の詩文が同様に「空しい」で終わることも偶然ではありません。コヘレトでは「空しい」（ヘベル）は決して悲観的な「空しい」ではありません。時間的な「短さ」、言い換えると「はかなさ」「つかの間」「瞬間」という意味であって、それは人間に与えられている生の時間を表現しているのです。

このへベルをどう生きるか。短いからこそ、つかの間だからこそ、この時を徹底して生きよ。諦めるな。今、こうして生きているだけで丸もうけではないか。そのように生きることへの強烈な励ましのメッセージが込められています。

もう少し丁寧に読んでみましょう。3―5節は、実に見事な比喩（寓喩）の詩です。「家を守る男も震え」は、高齢による膝や手の震え。「力ある男も身を屈める」はやはり高齢によって腰が曲がる例えです。「粉ひく女の数は減って行き、失われ」は、歯が抜けること。「窓から眺める女の目はかすむ」は、視力が低下することです。「通りでは門が閉ざされ、粉ひく音はやむ」は、耳が遠くなることです。

「鳥の声に起き上がっても、歌の節は低くなる」は、朝の目覚めが早くなり、また声が低くなることでしょう。さらに「アーモンドの花は咲き」は、髪の毛が白くなること。「いなごは重荷を負い」は、腰が曲がってよろよろ歩く姿を彷彿させます。「アビヨナは実をつける」は、食欲や性欲が失われるという意味のようです。

こうして、人は高齢になって徐々に体が衰えていきます。そして、「人は永遠の家へ去り」、つまり死を迎えるのです。「泣き手は町を巡る」は葬送の行列をほのめかしています。「塵は元の大地に帰り」ます。塵から造られた人間もまさしくそうです。しかし、「霊は与え主である神に帰る」と記されるように、コヘレトは、死によって人間は神のもとに帰るのだ、という信仰を示しています。

神を畏れ、戒めを守れ

コヘレトは人間の死を見つめます。その意味でコヘレトはリアリストです。けれども、この死の認識は、逆説的に人を生きることへと促します。

生は限られているからこそ、生なのです。6章6節にも書かれていました。もし人生が二千年あったとすれば、どうでしょうか。今を生きることに手応えがなくなります。人生に意味があるのは、人生が限られているからです。生は死というまさしく暗く、苦しく、空しい終わりがあるからこそ、生なのです。コヘレトが最後まで徹底して死を語り、決して死から目をそらそうとしないのは、生に意味があることを示すためです。今を生きることがどんなに大切かを教えるためです。この一瞬の時を神が造ってくださったという恵みを、私たちに悟らせるためです。

「神はすべてを時宜にかなうように造り、また、永遠を思う心を人に与えられる。それでもなお、神のなさる業を始めから終りまで見極めることは許されていない」（3・11）と記されるとおりです。

それらよりもなお、わが子よ、心せよ。
書物はいくら記してもきりがない。
学びすぎれば体が疲れる。
すべてに耳を傾けて得た結論。
「神を畏れ、その戒めを守れ。」
これこそ、人間のすべて。
神は、善をも悪をも
一切の業を、隠れたこともすべて
裁きの座に引き出されるであろう。
（12―14節）

わが子よ、これ以外のことにも注意せよ。
書物はいくら記しても果てしなく
体はいくら学んでも疲れるばかり。
聞き取ったすべての言葉の結論。
神を畏れ、その戒めを守れ。
これこそ人間のすべてである。
神は善であれ悪であれ
あらゆる隠されたことについて
すべての業を裁かれる。

12章9節以下の部分は、編集者による付加部分とよく説明がされます。けれども、この部分にもコヘレトの思想が反映されています。「神を畏れ、その戒めを守れ」は律法の遵守の姿勢を示し、これはヨブ記28章28節にも見られるものです。

「神は、善をも悪をも　一切の業を……裁きの座に引き出される」と記されますが、「裁きの座に引き出す」という表現は終末の審判を語るのではなく、むしろ「人間の業のすべては神の支配に委ねられている」というほどの意味。死後どうなるかは「隠れたこと」であって、神の御手に委ねるという信仰告白です。大切なことは、生きている限り神を畏れ敬い、その律法に従うということです。

コヘレトにはキリストを見いだし、復活を信じるという信仰はありません。その意味で、旧約の限界に留まっている知者です。けれども、コヘレトが一貫して語るメッセージは、現代を生きる私たちの心になんと強く響いてくることでしょうか。

「コヘレトの言葉」の構造

A	1:1	表題
B	1:2	標語「へベル」
C	1:3–11	詩
D	1:12–2:26	独白
E	3:1–17	主題「時」(=決定論と不可知論)
F	3:18–22a	主題「死の宿命」
G	3:22b–8:17	中心部分(4:1–5:19 / 6:1–8:15)
F’	9:1–6	主題「死の宿命」
D’	9:7–10	対話
E’	9:11–12	主題「時」(=決定論と不可知論)
H	9:13–10:20	第二の中心部分
E’’	11:1–6	決定論と不可知論
D’’	11:7–12:2a	対話
C’	12:2b–7	詩
B’	12:8	標語「へベル」
A’	12:9–14	後書き

あとがき　「コヘレトの言葉」と私

皆さんは本書を読んでどんな感想を持たれたでしょうか。私は本書において「コヘレトの言葉」を新しい視点から読み取るという大胆な試みをしました。従来の「コヘレトの言葉」の読み方では、コヘレトは反面教師としてしか理解できなかったように思われます。「こんなコヘレトのように不信仰な懐疑主義者になってはだめですよ」という仕方で、コヘレトの「虚無主義」について無理やり信仰的な意味づけをしてきたのではないでしょうか。しかし、コヘレトという人は「懐疑主義者」でもなければ、「虚無主義者」でもありません。少なくとも、私はそうは考えません。コヘレトは、黙示思想によってイスラエルの伝統的な思想がなし崩しにされて、共同体が混乱する危うい時代に直面し、その渦中で発言していると想定できます。そうだとすれば、著者が「コヘレト」すなわち「共同体を集める者」という名で発言をしている意図がおのずと説明できるように思われます。

コヘレトは「空しい」という言葉を異常に繰り返します。それによって黙示的な終末論的歴史観に否を語っているのです。黙示思想は、地上の生を敬遠し、来世にこそ本来の生があるという態度を有します。地上の歴史は決定的な破局に向かい、その向こうにある彼岸にしか望みがありません。当然のことながら、それは現実に対する諦めと悲観主義をもたらします（シュミットハルス『黙示文学入門』土岐健治他訳、教文館、一九八六年、四三頁）。終末が来る以上、もはや何をしても無意味なのですから。それとは対照的に、コヘレトは現在、生きていることに意味を見いだします。人生は短くても、今、生きていることを徹頭徹尾、肯定し、飲み食いを讃え、愛する妻との共生を掛け替えのない恵みと受け取ります。神の定めた時はとうていつかみ取ることはできません。だからこそ、今この時が大切なのです。コヘレトが死を直視するのは、それによって逆説的に生の意義が現出するからです。創造主から与えられた命を生き抜く責任ということをコヘレトは考えているのです。このようにコヘレトを新たに読み直すことを私は本書において提示しました。皆さんはこのような「コヘレトの言葉」の読み方に共感するでしょうか。

ここで、私自身の「コヘレトの言葉」との出会いについて書きましょう。私は、現在、神学大学で神学生たちに旧約聖書学を講じていますが、かつて神学大学の学生だった頃、旧約聖書がいちばんの苦手でした。いくら読んでもさっぱり理解できなかったからです。なにしろ旧約は一五〇〇頁もあり、しかもイエス・キリストが一度も出て来ない書です。大学院で旧約聖書学を専攻することにしたのも、将来、自分が牧師になって旧約聖書がわからないのは致命的だと思ったからです。ちっともわからぬ旧約聖書学を専攻し、卒業論文のテーマとして私が選んだのが「コヘレトの言葉」でした。わからない旧約聖書の中で最高にわからない書だったからです。この最も難しい「コヘレトの言葉」が理解できるようになれば、きっと旧約聖書が理解できるようになるに違いないと期待しました。ところが、大学院でこの書を学んでも、皆目わかりませんでした。卒業論文も、今思うと、自己流で支離滅裂なものでした。伝統的ユダヤ教とヘレニズムとの間の葛藤という読み方をしたのですが、それではとうてい説明がつかないのは明らかでした。

大学院で旧約聖書学を指導してくださったのは、左近淑先生でした。当時、左近先生は新共同訳聖書の翻訳のため大層多忙で、私はほとんど個人的な指導をしていただけなかった、という記憶があります。その三三年後に、今度は私が「聖書協会共同訳」の翻訳に携わることになろうとはいったい誰が予想したでしょうか。その恩師左近先生が、大学院の演習中に、ぽつりと「僕はね、コヘレトと雅歌については自分の学問的見通しがまだできていない」と呟かれたことがありました。ああ、左近先生もそうなのか、と思い、私は半ば見捨てられたようなショックを受けました。しかしまた同時に、自分でやるしかないと覚悟が決まりました。こうして、私は宿題を抱えて大学院を修了し、地方教会の牧師になりました。

私は、在学中から、「コヘレトの言葉」がひょっとして黙示文学と関係があるのではないか、と考えていました。その問いに答える勉強をしたいという願いはありましたが、かなわぬ夢でした。いつか「伝道の書」で伝道できるようになりたいなあ、と思いながら牧師として歩みました。ところが、牧師となって八年後、思いがけず、ドイツ留学の道が開けました。コヘレトと黙示の関係を解き明かしたいという私の問題意識に、ベーテル神学大学のフランク・クリュゼマン教授が関心を抱き、大住雄一先生の推薦で私は博士課程に受け入れてもらえる幸運を得ました。もう四十歳に手が届く頃でした。

クリュゼマン教授はかつて社会史的方法でコヘレト研究をなさった学者です。初めてお会いした時、教授は「今、私はコヘレト研究は主たる関心事ではない。コヘレトで学位論文を書きたいなら、現在五〇〇か六〇〇あるコヘレト関係の文献をすべて読みなさい。黙示との関係は自分で探し出しなさい」と言われました。以来、毎日毎日ひたすら文献を読み続けましたが、私の問いに答えてくれる文献は見つかりませんでした。途方に暮れ、ほとんど絶望でした。唯一、黙示との関係を論じるミヘルの最新論文は私にはとうてい納得のいくものではありません。手がかりがつかめず、試行錯誤の繰り返しの末、ようやく私が見つけ出したのがコヘレト8章とダニエル書との関係でした。この発見に辿り着くまでに膨大な時間を費やしました。ドイツ語で論文を書き上げて学位を取得するまで結局五年かかりました。こうして私は「コヘレトの言葉」を独自の仕方で分析し、黙示との関係を説明することができたのです。もちろん、完全というわけにはいきません。まだわからないことはあります。けれども、黙示との関係において「コヘレトの言葉」を解明するという私の宿題はドイツでようやく片付きました。神学大学を卒業して一三年後のことです。あれからさらに二〇年。今回、教会の信徒の皆さんに私のコヘレトの読み方を丁寧に説明できることをとても嬉しく思います。

「コヘレトの言葉」の意義を私はことのほか重要だと考えています。それは、旧約聖書にはこれと対極にあるダニエル書があるからです。ダニエル書の黙示思想はその傾向において、極端な終末思想に虜にされる危険性があります。歴史の終わりに救済と希望を見る終末思想は実に魅力的です。けれども、それが突出すれば、オウム真理教による地下鉄サリン事件の如き過ちも現実に起こるのではないでしょうか。彼岸に救済を求めると、此岸での生き方は空洞化し、自由と責任倫理は意味を失うからです。この危うい方向に対峙し、あくまで此岸を生きる自由と責任を説くのがコヘレトの反終末論ではないかと思います。コヘレトは頭を冷やせ、現実から目を背けるなと言うのです。復活信仰を否定するコヘレトの意図は、地上での責任倫理を断じて見失うなというメッセージです。旧約聖書の中にこれら両方の、相異なる文書が併存するということは決定的に重要ではないでしょうか。もし「コヘレトの言葉」がなければ、旧約聖書は破局をもたらす書になったかも知れません。私は、主人の帰りを待って──その日はいつかはわかりません──忠実に務めを果たす僕の姿にコヘレトを見いだします（マタイ24・25）。残された時を精一杯、主のために生きる僕でありたいと思います。

本書は、『信徒の友』の連載「現代に語る『コヘレトの言葉』」（二〇一七年四月号―二〇一八年三月号）をまとめたものです。連載中、多くの方々に読んでいただきました。今回、単行本として刊行されるに際して新しい「聖書協会共同訳」を併用させていただきました。本書がこれから教会の聖書研究会などで用いられるならば、私にとりまして望外の喜びです。本書の出版にあたって、出版局の土肥研一さん、また『信徒の友』編集部の宮地冬子さんに心から感謝を申し上げます。

二〇一九年二月

小友　聡

追記　本書発行後の二〇一九年九月五日に大住雄一先生が急逝されました。
本書を大住先生を偲ぶささやかなよすがといたします。

小友　聡　おとも・さとし

1956年生まれ。1986年、東京神学大学大学院修士課程修了。
1994–99年、ドイツ・ベーテル神学大学留学（神学博士）。
東京神学大学教授、日本基督教団中村町教会牧師を経て
現在、日本旧約学会会長。
著書：『VTJ 旧約聖書注解　コヘレト書』『コヘレトと黙示思想』
Kohelet und die Apokalyptik. 他
訳書：T. E. フレットハイム『現代聖書注解　出エジプト記』、W. P. ブラウン『現代聖書注解　コヘレトの言葉』、C. B. シンクレア『現代聖書注解スタディ版　創世記』、W. ブルッゲマン『旧約聖書神学用語辞典　響き合う信仰』（以上、日本キリスト教団出版局）他

コヘレトの言葉を読もう　「生きよ」と呼びかける書

2019年 3 月20日　初版発行
2024年 5 月15日　9 版発行

著　者　小　友　聡
発　行　日本キリスト教団出版局
169-0051　東京都新宿区西早稲田2丁目3の18
電話・営業 03（3204）0422、編集 03（3204）0424
https://bp-uccj.jp

印刷・製本　モリモト印刷

ISBN 978–4–8184–1027–5　C0016　日キ販
Printed in Japan

日本キリスト教団出版局の本

聖書を読む人の同伴者　「読もう」シリーズ

ヨハネ福音書を読もう

松本敏之 著

上　対立を超えて（四六判・240 頁・2400 円）

下　神の国への郷愁《サウダージ》（四六判・248 頁・2400 円）

差別と分断が深まる時代を生きる私たちに､対立を超えることばを、ヨハネ福音書を通して伝えられるイエス・キリストの福音に聴く上巻（1–10 章）。どんな悩みや苦しみに直面しても、天を見上げて神の国を待ち望み､キリストに従って生きる生を読み取る下巻（11–21 章）。ブラジルでの経験を踏まえ、現代社会の課題に向き合い、信仰と希望と深い慰めを語った黙想。

ガラテヤの信徒への手紙を読もう　自由と愛の手紙

船本弘毅 著（四六判・162 頁・1500 円）

ガラテヤの教会に起きていた問題に対して、パウロは福音に立ち返って、キリストにあって救われた者として生きるよう熱く説く。宗教改革者ルターの愛したこの書を今、どう読むのか。

日本キリスト教団出版局の本

聖書を読む人の同伴者　「読もう」シリーズ

マタイ福音書を読もう

松本敏之 著

1　**一歩を踏み出す**（四六判・234 頁・1800 円）

2　**正義と平和の口づけ**（四六判・234 頁・1800 円）

3　**その名はイエス・キリスト**（四六判・218 頁・1600 円）

マタイ福音書が書かれた時代を踏まえつつ、平易に説き明かす。第 1 巻は降誕から山上の説教まで（1–7 章）、第 2 巻はガリラヤでの働き（8–18 章）、第 3 巻は受難へと向かう歩み（19–28 章）を記す。

マルコ福音書を読もう　いのちの香油を注ぐ

増田 琴 著（四六判・256 頁・2400 円）

共同体の片隅に追いやられている人への福音を現代の課題と向き合いつつ語る 34 のメッセージ。多くの人物をイエスによるいやしと和解の本質を通して印象的に描く。

ルカ福音書を読もう

及川 信 著

上　**この世を生きるキリスト者**（四六判・280 頁・2600 円）

下　**下に降りて見つける喜び**（四六判・280 頁・2600 円）

たとえ話の宝庫、ルカ福音書。全体の文脈を通して読み解くことで、一つひとつのたとえ話がさらに深く私たちの心に響く。上巻は 1–12 章、下巻は 13–24 章の黙想を収録。